价值投资慢思考

孙善军 著

中国人民大学出版社
·北京·

前言

我所理解的价值投资

基本环节

关于价值投资，投资者接收到的所有信息可分为两大类：一类是客观信息，其不会依据每个人的主观好恶而改变，比如公开信息，交易规则；还有一类是主观信息，每位投资者可以见仁见智，其中最常见的就是行情预测、时机选择等等。

在开始讨论之前，我想先简单介绍一下价值投资的基本环节，就是一个完整的投资流程主要包括哪几个环节。了解每个环节所处的位置，有利于投资者优化相应环节的投资策略。这是一项很基础的客观信息，但是对于讨论本书的内容很有帮助。

价值投资的主要环节分为五步：筹措资金，寻找标的，买入持有，投后管理和落袋为安。

首先是筹措资金。说到筹资，很多朋友可能会觉得离自己比较遥远，其实并不远。即使投资者使用的是自有闲置资金，还可分为短期闲置资金和长期闲置资金，同时还要考虑相对于自己其他的投资项目，资金的机会成本等；另外，所使用杠杆也是影响投资闭环的重要因素。从构建投资闭环，实现长期良性循环的角度来说，只有真正长期闲置的自有资金才是符合要求的。

其次是寻找标的。为了实现有质量的循环，必须做出有质量的选择。选择标的是投资闭环当中最为关键的一环，从巴菲特跟踪一家公司十年才出手来看，大部分人对于寻找标的的理解过于草率，当然也包括我自己，希望对于非常喜欢的公司，也能够做到观察一两年再做决定。像那些道听途说、短线交易等模式不在本书讨论范围之列，因为在合规的边界之内，以上模式和价值投资背道而驰。

接下来是买入持有。寻找标的是为了买入标的，在高质量选择的基础上，重注长期对于最终收益会带来显著贡献。

第四个环节是投后管理。播种之后要浇水施肥，投后管理必不可少。只有在符合预期的情况下，仓位头寸才会保留。在前面的寻找标的阶段，公司质地够不够好和估值够不够便宜是选择标的的两个重要标准，当初的选择标准定得高，在投后管理阶段，特别是在市场剧烈波动时，回旋余地就比较大。

最后是落袋为安。这个环节要果断，不要患得患失、斤斤计较，因为本来就是重注长期持有的标的，在达成目标时整体收益已经不菲，不要在持续盈利之后产生幻觉，投资者赚不到认知范围以外的钱。

回头来看价值投资的基本流程，如果投资者已实现了盈利目标，就可以开启下一轮更大规模的投资；如果说实际进展低于预期，那就是最初的判断存在问题，需要总结经验，改善认知，争取尽早获取长期确定性收益。

基本要素

投资者经常会面临这样的困惑：一方面感觉股票投资触手可及，每个成年人都可以开户，可以买卖股票，也大都有过赚钱的经历；但是长期下来算一笔账，真正能实现持续盈利的人却凤毛麟角。

那么盈利究竟难在哪里呢？有人觉得是自己消息不够灵通，也有人觉得是运气不好，还有人认为是缺乏经验，以及专业知识不足等等，其实从每个人的解释大致可以看出在他们眼中影响盈利的主要因素是什么。

在长期的职业生涯中，我曾经与超过万名投资者有过交流，感觉很少有人真心觉得投资是一项高风险、极具挑战的工作，反而大部分投资者对其充满憧憬。

先来看两组数据。

（1）查理·芒格曾经引用过一项调查结果：瑞典 90% 的汽车司机认为他们的驾驶技术在平均水平线之上。

（2）2023 年，我国脑外科医生的数量大约有 13 000 人，和 A 股市场中千万元以上的账户数量基本相当。

我们能从这两组数据中得到什么启发？

如果将调查场景切换到高考前的高三学生，问他们是否有把握考入"双一流"高校，大部分人的选择估计是不能，原因可能是多方面的，但其中有一个因素是确定的，就是考生对于自己的能力有着清醒的认识，同时对高考有足够的敬畏心。此外，过于乐观的预期也很容易被证伪。但是在股票市场当中，投资者往往会高估自己的能力。很显然，投资者对于未来的盈利预期更类似于对瑞典汽车司机的调查结果。

关于第二组数据，一提到脑外科医生，人们首先会觉得这是一个极为专业、门槛很高的职业；再来看千万元级的股票账户。中国股市已经存在了 30 多年，其间有过两轮大牛市，深圳成份指数最大涨幅为 40 倍，创业板指数曾经两年多涨幅接近 6 倍，两市的百倍股更是层出不穷。即使在这样的背景下，根据 2023 年时的估算，在过亿的股票投资者当中，

1 000万元以上的账户只有13 000个左右，和国内脑外科医生的数量基本相当。对比来看，投资盈利远没有普通投资者想的那么简单。

我曾经在国内头部券商从事资产管理工作，通过了第一批证券从业资格考试，后来进入媒体，长期在深圳负责资本市场的报道，是中国资本市场长期发展的见证者，也与众多国内资本市场投资者有过充分的交流。整体而言，大部分投资者的业绩不理想，主要根源在于没有认清价值投资的本质。希望通过本书，分享一点长期以来对于价值投资的观察与思考。

我把价值投资的过程看作一段旅程，其中包含了十个重要的要素。

首先，目的地在哪里？理想的目标是由三个因素决定的——低估、成长和时间。简单来讲，好的标的取决于足够便宜的买入成本、公司业绩的持续成长以及足够长的持有时间。

其次，推动投资者实现目标的动力是什么？主要来自三个方面——自律、持续学习和聚焦。自律是敬畏边界，自我驱动；持续学习可以让投资者走得更远；而聚焦就是咬定目标不放松。

此外，还有四个要素是投资者顺利抵达目的地的重要保障，分别是问题解决机制（实事求是）、外部环境要求（不期待牛市）、控制风险以及容错机制（留有余地）。

以上这十个要素贯穿于每一笔成功的长期价值投资的始终，我将其称为价值投资的十要素。在本书当中，我将详细介绍自己对于这十个要素的理解，希望去伪存真，将我在长期观察和思考中沉淀下来的这些感悟与读者分享。

最后强调一点，投资并没有正确答案，最有价值的是投资者的积极思考，越思考，越接近于事物的本质。书中设置了很多具体的场景，也引用了不少真实的案例，都是希望将投资者带到不同的时空环境下，在不同的真实氛围中去推演自己的思考和决策。

目录

第一篇　锁定目标　/ 1

　　第一章　低估　/ 2
　　第二章　成长　/ 15
　　第三章　长期主义　/ 28

第二篇　使命必达　/ 49

　　第四章　自律　/ 50
　　第五章　持续学习　/ 66
　　第六章　聚焦　/ 84

第三篇　以终为始　/ 103

　　第七章　实事求是　/ 104
　　第八章　不期待牛市　/ 122
　　第九章　控制风险　/ 132
　　第十章　留有余地　/ 160

　　读后感　/ 179
　　后记　/ 199
　　致谢　/ 201

第一篇：锁定目标

在日常生活中，人们经常会说到有的放矢、百发百中这样的词语，其中都涉及标的，只有首先确定了标的才能评价投资者有没有走在正确的方向上。因此标的的选择和确定就至关重要。

这一篇内容将重点关注如何确定长期价值投资的标的，一般来说，投资者可以通过三个维度来锁定理想的投资标的——低估、成长和时间。简而言之，好的标的取决于足够便宜的买入成本、公司业务的持续成长以及足够长的持有时间。

第一章 低　估

低估，让投资赢在起跑线上

如果说投资是一门生意，那么低估就是生意成立的必要前提。在决定投资标的的因素当中，最重要的是低估、成长和时间这三个因素，其中把握低估机会是距离普通投资者最近的福利。

低估：距离普通投资者最近的福利

对于长期投资的盈利来源，价值投资者已经形成了基本共识：低估、成长和时间会带来最大的收益。我们应更进一步思考：低估和成长，哪个因素在盈利当中占的比重更大，或者说哪个更重要呢？

说到低估和成长，投资者会想到两个代表性人物——格雷厄姆和巴菲特。在巴菲特之前，主流价值投资的核心就是低估，当巴菲特把成长的因素和低估相结合之后，投资的魔力被展现得淋漓尽致。但是对于普通人来说，能真正把握低估和成长其中的一个因素，就可以大概率实现长期盈利，鱼和熊掌兼得，可遇而不可求。

低估和成长分别意味着什么？它们之间有什么区别和联系呢？

低估是一个既成事实，而成长则是基于对未来的判断，是一个概率事件。

更进一步讲，低估可以分为相对低估和绝对低估。相对低估是有条件的，用通俗的话来讲，就是性价比，是结合公司的成长性来判断公司是不是处于动态低估中，典型的评价指标像PEG；而绝对低估是没有前置条件的，可以在某个维度上，比如说市盈率、市净率或者总市值等方面处于历史的极值水平。

相对低估包含了预测的因素，和成长性有关；绝对低估则是一个客观存在。

对于普通投资者来说，判断和预测能力相对较弱，适合把握绝对低估的市场机会；而机构投资者在预测和判断的前提下，把握相对低估和成长性机会更有优势。

虽然从巴菲特的实践来看，成长带来的收益更大，但是投资者更应该明确自己的边界，在自己的能力圈内进行决策和投资。

从普通投资者的角度出发，绝对低估是距离最近的福利；其次是时间，选对了方向，时间就可以为投资者创造价值；最后才是成长。

绝对低估

先来说一件真实的往事。在一次熊市的末期，一位我熟悉的投资者因为账面持续出现亏损，情绪接近崩溃，在迎来了又一次市场急跌之后,他选择了全部清仓。当时和他的交流给我留下了深刻印象,他也很清楚股价已经处在历史低位,卖出很不理智,但是因为持续下跌,他已经不想再在自己账户中看到任何亏损的股票。事后来看,他基本卖在了一轮熊市的最底部。

这个事例表明,当绝对低估出现时,多空双方都能意识到股价已经处于历史低位,但要么是在市场反转的时间预期上存在分歧,要么是因为杠杆等非基本面因素导致原有的多头头寸难以为继。

投资者如果回到格雷厄姆时代,那么想一下:在以绝对低估为主的投资体系当中,什么因素最为重要?是耐心。如果遵循绝对低估主导的价值投资,投资者需要付出的最大成本就是等待。

周期性波动和"黑天鹅"偶发都是市场与生俱来的特征,每五到十年当中,市场总会出现一次或多次绝对低估的机会。

可以做一个极端假设,如果在十年当中只把握一次像连续熔断出现时的极端机会,投资者不用杠杆,全仓买入绝对低估的优质龙头公司,收益翻倍之后就清仓离场,这样对应十年的年化收益率是7%。历史上极端场景下实现翻倍收益只需要一两年时间,投资者在其他时间持有现金,每年还可以获得3%的固定收益率,这样合计就对应年化10%左右的复合收益率。

对于普通投资者来说,这已经接近他们长期复合收益率的天花板。

在实际投资当中,普通投资者可能没有能力去把握成长,但是一定会遇到低估。当严重低估真正来临时,千万不能叶公好龙,不是去拥抱低估,反而和其他投资者一起夺路而逃。

在远离成本的地方交易
——低估与效率

有一位投资者,他在4年之前投资的一家海外公司最近上市了,他的收益在一倍左右。因为涉及的资金量大,其投资收益比较可观。

和大部分股权投资的风格类似,他选择在公司上市后尽快退出。在交流过程中,可以明显感觉到他对于退出的价位和时机的选择完全不是二级市场投资者的思路,他没有择时的概念,退出仅仅是为了完成交易。

他一直强调不懂二级市场操作,但是在已经获得了可观收益的背景下,几个百分点的择时收益完全被他忽略,他觉得既没有择时的必要,也没有择时的动力。

当投资者在远离成本的地方进行交易时,会因为不纠结交易细节而让执行更有效率。这也从另外一个角度诠释了长期投资和短期交易之间的区别。

对于短线交易者而言,几个百分点的交易价差是短线模式当中的"主营收入";但是对于股权投资的退出来说,多获取几个点的交易价差,只能算是"营业外收入",和公司的盈利模式毫不相关,对业绩的贡献更是微乎其微,可以忽略。

股权投资者有点像房地产市场当中的购房者,而执行交易者更像是房产中介。虽然大家都在一个市场当中,但每个人关注的角度却存在着显著差别。投资者更关注质,而交易者更关注量。

即使交易者能够通过成千上万笔交易积累可观的财富,可他始终在每一笔投资的盈亏平衡线附近谋生,始终还是要为眼前的一笔笔短线交易殚精竭虑；他无法获得长线投资者的视角，也很难理解长线投资者在退出时的不拘小节。

我们说远离成本，不仅指在卖出时价格远高于成本，也包括在买入建仓时，市场价格远低于价值的情形，这时候投资者同样会忽略交易细节，唯一关注的是在远低于"成本"的地方买到足够的量。

低估有利于效率，在远离成本的地方可以果断介入，短期的波动对长期收益率的影响可以忽略，如果建仓在成本附近，投资者可能会过多考虑微小的价差，患得患失，反倒可能错过建仓时机。如果股价远低于成本，有利于投资者考虑战略问题，关注长期巨大的确定性升值空间。

从终局思维的角度出发，一笔好的投资会提供这样一种机会，即它能带投资者前往尽量远离成本的地方进行交易，这有助于抓住投资当中的核心逻辑。

低估与回归

股票投资当中，唯一不变的就是变化，如果一定要找确定性，市场的回归算是一个。市场在出现过热或者过冷的极端状态之后，必然会向反方向回归，这也就是经典的钟摆理论。

市场走势就像钟摆一样，在两个极端之间来回摆动。虽然不能确定每一次摆动的极限在什么位置，但是物极必反的规律会让钟摆在到达一个极端之后必定回转。

每当股票价格上涨时，投资者会被市场的乐观情绪所鼓舞，暂时忘却估值与风险的配比，不惜以承担高风险为代价去获取确定性不高的收益；与此相反，当市场大幅下跌、悲观情绪弥漫时，投资者只需要承担较低的风险，就可以大概率获取可观的确定性收益。

当然，有投资者会有疑问：如果过早地重仓做多，是否会损失效率？倘若市场再往更低端的方向继续下跌，如何看待下跌中的重仓做多？

低估对应的是一种选择，不是判断。其实，投资者对于未来的市场趋势一无所知，他所能够确定的只是目前处于何种估值水平，以及如何执行自己的交易计划，以应对未来市场发生的各种变化。

2018年12月18日，在市场又一次处于钟摆极端时，我在公众号上写了一篇题为《当无人再提低估》的文章，关于当时的市场状况，原文是这样描述的：

> 我们不确定目前市场整体上是不是已经到了跌无可跌的程度，但是就部分行业和个股来说，确实已经出现了历史上极为难得的机会。我们看到有上市公司的市值不足重置价值的1/3；我们也看到有上市公司虽然净利润同比增速超过30%，而且资产负债表非常坚实，但是市盈率只有5倍……凡此种种，表明市场现在已经不把基本面作为选择投资标的的主要依据，低估值无法博得市场的好感。就像在市场暴涨时，没人好意思说市盈率太高一样。

在文章发表的当天，沪深300指数收盘点位为3 128点，在此后的第11个交易日，那一轮调整行情结束，随后展开上扬，两年之后创出了历史新高5 930点。

当市场处于低位时，价值投资者的使命并不是纠结市场会不会以极端的方式滑向更坏的方向，而是自己能不能在执行层面秉持原则，执行自己的交易计划，让市场的低点不仅停留在K线图上。

投资是一门概率的生意，低估之后的回归是大概率事件。根据以往经验，可以大概推演一下低估之后各种走势的概率。在严重低估的情形下，公司进一步下跌的概率依然有20%，主要来源于恐慌、惯性和随机性因素；横向整理的概率为20%~30%，剩余的就是上涨的概率。而且从逻辑上来讲，必然有那么一个点，就是钟摆最极端的那个点，回归的概率是100%。

低估是风险释放的结果

（误区一：低估加大了市场的风险）

大部分投资者喜欢将市场表现和自己的投资盈亏相关联，并据此形成对于股市的印象：自己盈利时感觉市场好，自己亏损时则感觉市场差。

不仅满仓的投资者，即使是空仓的投资者，在跌跌不休的行情面前，内心都会出现化学反应，导致情绪转向悲观，在最好的时光里选择了放弃。

记得在2008年的时候，有一次我和国泰君安证券的一位原高管聊天。当时正值美国次贷危机肆虐，但是他非常肯定地说，A股市场见底了。关于他所说的见底的一系列逻辑，我现在已经记忆模糊，但是其中有一点我印象深刻，那就是他说他去做足底按摩，连按摩技师都人心惶惶，担心美国次贷危机的冲击太大，这让他更加坚定了自己的判断。之后一年时间，上证指数涨幅翻番。

原上投摩根基金投资总监吕俊曾经讲过这样的观点：投资者需要以是否"price in"（反映在价格当中）作为衡量未来不确定性的一个标尺，而不是抛开市场对于消息的消化程度，一味去追逐消息本身。如果市场的悲观预期已经充分甚至过度体现在目前的市场价格当中，则危机应该更多地理解为"机"而不是"危"。

一个反直觉的事实是，危机之后的股票价格本身已经包含了风险补偿，危机越严重，补偿的水平越高。市场往往只看到放大了的风险，而忽略了当下价格和风险之间的关系。

股价是市场向投资者给出的资产报价。如果投资者对目前的价格无动于衷，那么市场会把价格报得更低。更低的价格意味着什么？在基本面既定的前提下，更低的价格意味着更低的风险和更高的性价比。就是当投资者预期变差时，市场愿意为投资者的买入付出更高的风险补偿。这意味着未来的负面预期已经反映在市场当前的价格当中。

现在回想起来，每一次系统性危机发生时，好像都会有新的面孔、新的道具和新的逻辑……当然还要特别强调一句：这次真的不一样！否则投资者很难理解，为什么历次危机来临时，市场总能够到达那么低的位置。

但是每一次危机都没有毁灭市场，周期的力量总会让市场起死回生。虽然"理性人群"在每一轮牛市和熊市中总能找到不同的故事，但是表现在形式上，无一例外都是指数在峰谷之间机械运动，背后是投资者情绪上贪婪和恐惧的循环往复。毫无疑问，未来这样的规律不会发生改变。

橡树资本联合创始人霍华德·马克斯曾经讲过，在市场的极端时刻进行投资，是他能找到的最好的方法。在这样的情景当中，投资者失去的大概率是时间，但获得的是更大的空间。

对于一家运营正常的公司，如果下跌导致股价出现了绝对低估，投资者可以首先将这一现象理解为风险释放的结果，而不是股价将进一步下跌的理由。

别辜负了熊市

（误区二：熊市里的标的都是被低估的）

市场一直处在牛熊交替当中，熊市，特别是熊市尾声的特点，是大量优质公司的估值出现明显下跌，市场风险大幅释放。在这个时期，投资者可以弯腰"捡金币"的概率大大增加，但是让人不可思议的是，观察这个时期的市场热点，很多投资者对于跌跌不休的低估公司熟视无睹，反而在追逐市场"泡沫"上乐此不疲。

虽然巴菲特说他喜欢熊市，但大多数投资者显然并不这样想，因为熊市中看上去没有什么激动人心的故事，但实际上熊市，特别是熊市后期，应该是一个让投资者心生向往的地方。

根据牛市和熊市、高估和低估来构建一个四象限的场景，会形成四种组合，如下图所示：牛市高估、牛市低估、熊市高估和熊市低估。很显然，对于投资者来说，最理想的场景组合就是熊市低估，此时未来的机会最大、风险最小，后面依次是牛市低估、牛市高估和熊市高估。将牛市高估排在熊市高估前面的一个重要原因是，熊市高估的机会成本过于昂贵，本来投资者可以大概率选择到熊市低估的标的，一正一反，所造成的损失可能整个职业生涯都未必能够挽回。

```
                    高估
                     ↑
          熊市高估   |   牛市高估
                     |
   熊市 ─────────────┼─────────────→ 牛市
                     |
          熊市低估   |   牛市低估
                     |
                    低估
```

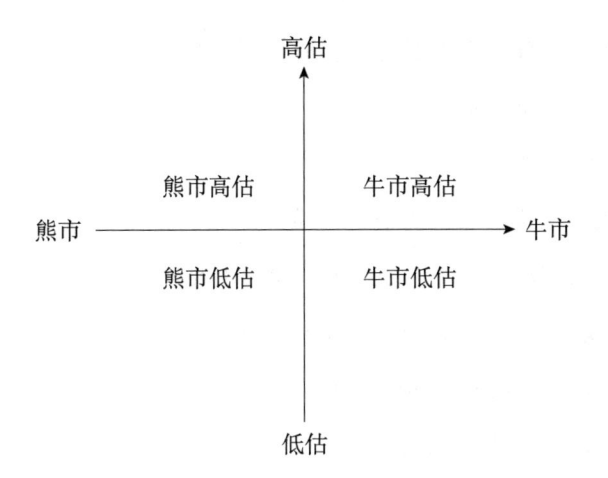

但是市场的炒作之风往往会将公众的注意力成功地引入歧途。很多投资者在原有个股大跌之后"果断"斩仓,追入股价已经暴涨的"明星"个股。

暴涨往往是别人的,自己却错过了熊市里的福利。

像巴菲特、罗伊·纽伯格等投资者耳熟能详的投资大师都是逆向投资者,对他们来说,熊市就是送给自己职业生涯的一个福利。过往曾经可望而不可即的一些优质标的,在熊市里可以有充分的时间和空间进行选择。

本来,熊市是把握"熊市低估"的最佳场所,但很多投资者却付出了昂贵的代价。

所以,别辜负了熊市……

蓝筹的困境

(误区三:蓝筹都是被低估的)

延续上面关于低估误区的讨论,低估的反面就是高估,在低估的误区中，还有一个典型场景就是蓝筹的困境。

蓝筹股是绩优股的代名词，一般来说，蓝筹股的标签包括稳定盈利、低估值和高分红，是投资者心目中的"好孩子"。但蓝筹股一直不是成长型投资者的首选，因为蓝筹的特点是已经过了企业的成长期，进入成熟期，稳定是这类公司的主要特征。

但也有一个例外，就是在蓝筹股出现极端低估时，投资价值会显著上升，因为蓝筹公司的确定性更高。

不过，当上述现象走向另外一个极端时，就需要引起投资者的高度警惕，因为它有很大的欺骗性。当投资者心目中的"好孩子"被过度高估时，投资者很难把好公司和坏股票画上等号。

蓝筹股的吸引力很大程度上来源于低估值和高分红，但这两个因素都和股价相关。随着股价的持续上涨，曾经的蓝筹股就会发生"质变"。

20世纪70年代初，美国"漂亮50"股票出现暴跌，其中多家公司从80~90倍市盈率，在几年之内下跌到8~9倍，这意味着投资美国最好公司的投资者赔掉了他们90%的本金。

很显然，巨亏的原因是买得实在太贵。事后来看，当时的估值已经高得离谱。2008年，在上证指数创出历史最高点6 124点的同时，即使身为超级蓝筹的某银行业头部公司，市净率也达到了不可思议的5倍以上，这是当时蓝筹股估值的一个缩影，随后蓝筹股也跟随大盘出现了大幅回撤，这家公司的最大回撤幅度超过了60%，2023年，它的市净率长期在0.5倍左右。

2018年初，市场也曾经出现过一轮以蓝筹股的"估值修复"为主线的行情，在估值修复到位之后，蓝筹股的短板和劣势就暴露出来了。劣势是什么？持续成长性不足以及由此带来的估值约束！这个案例也同样提醒投资者：蓝筹和低估并没有必然联系。

市场中每隔一段时间就会出现类似的情况：当一个板块被这样或那样的光环所笼罩时，尽管估值越飞越高，投资者却依然趋之若鹜，集体感性超越了理性。

对于如日中天的行业和个股，不管带有什么样的光环，在成熟投资者的潜意识当中都会有一种深深的恐惧感和距离感，因为它往往意味着短期已经接近抛物线的顶点。这一点已经无数次被市场走势所证实。

远离高估

在本章的最后，来看一个高估的真实案例，从高估的风险来思考为什么投资者要选择低估。

把握低估可以让投资者赢在起跑线上，如果从另外一个角度看待这个问题，即使投资者没有抓住低估的机会，也务必要远离高估，否则将输在起跑线上。

2021年1月22日晚间，一家中国电子烟企业（以下简称R）在美股上市，收盘涨幅超过145%，如果考虑盘后价格的继续上扬，市值已经达到480亿美元，对应人民币超过3 000亿元。按照券商预计的2020年公司预期收入30亿元计算，市销率（PS）已经达到100倍。

PS100倍是什么概念？

按照当时披露的销售增速，R公司2020年前三季度收入同比增长了100%，那么假设后来两年能够一直保持这个增速，也就是每年收入翻番，对应的市销率才会下降到25倍。

即使是25倍的PS，对于消费股来说也是一个非常奢侈的水平。作为一个参照，尽管茅台在2020年之前的4年里已经上涨了10倍，但当时的市值对应的市销率也刚刚挑战20倍。

也就是说，市场给予R公司的估值，意味着连续两年收入翻番之后，其依然高于同期茅台的水平。这还没有考虑以下两个重要因素：

1. 茅台的毛利率为91%，R的毛利率为38%；
2. 电子烟的监管面临不确定性。

这意味着R公司和茅台之间市销率的实际差距远大于上面计算的水平。

不是R公司贵了，就是茅台便宜了。当然，也不排除另外一个可能——都贵。

一叶知秋，R公司上市暴涨绝非偶然，只是资本市场当时热度的一个缩影。

其实在此之前，国内很多消费股的龙头公司市盈率已经突破了百倍，基金销售的记录更是不断刷新，秒光也已经成为常态。源源不断的资金流入推动权重龙头股持续上扬，指数上扬又进一步强化了财富效应，吸引更多资金流入……

高估就是这样"炼"成的。

从事后来看，R公司当初的利好预期大都没有兑现，但是政策监管却如期而至。截止到2023年底，和上市首日的价格相比，公司股价已经跌去95%。

第二章 成　长

在格雷厄姆强调高安全边际的价值投资理论的基础上，巴菲特认为，低价买进公司很重要，低价买进优质成长的公司更重要。这一看似微小的改进，是巴菲特成为世界上最成功投资者的主要原因。

在价值投资的十要素当中，成长和时间以及低估共同锁定了投资目标。成长在其中所起的作用是放眼未来，聚焦目标公司的增量。到目前为止，聚焦成长型公司仍然是价值投资收益最大化的最好路径，没有之一。

机会，始于看见

先来看几个数据，1917年，美国市值最大的公司是美国钢铁，460亿美元；1967年，美国市值最大的公司是IBM，2 580亿美元；2012年，美国市值最大的公司是埃克森美孚，4 300亿美元；2017年，苹果成为美国市值最大的公司，9 000亿美元；而截至2023年底，苹果公司的市值已经超过2.8万亿美元。

上面的数据说明了什么？

答案肯定是见仁见智。首先，成长是市场的主旋律，最大市值的天花板一直在增长，苹果公司的市值已经达到 20 万亿元人民币，假以时日，投资者不应该怀疑未来一定会有 30 万亿、50 万亿甚至 100 万亿元人民币的公司出现。

其次，过去 100 年，全球市值最大的公司增长了 60 多倍，这其中除了通胀因素，投资者更关注背后盈利模式的变化。那么未来一个世纪，最大市值的公司将会出现在哪个领域？将会是一种什么样的盈利模式？作为投资者，需要做些什么工作来把握这种成长性机会呢？……

类似的问题还可以考虑很多。虽然这些问题略显遥远，但是有利于投资者放眼长远，把握最重要的变量，回避短期的噪音。

刘慈欣的《朝闻道》一书中有这样一个情节：地球人问外星来的"排险者"，是什么时候开始注意到人类、认为人类可以发展到探索宇宙文明的。

是普朗克时代么？还是牛顿时代？

排险者说都不是，是 37 万年前，一队在雪原中行走的原始人，仰望星空的时间超出了预警的阈值，对宇宙表现出了充分的好奇，系统那时就已经拉响了警报。

"如果说那个原始人对宇宙的几分钟凝视是看到了一颗宝石，那么此后的整个人类文明，不过是弯腰拾起它罢了。"

那么，对于投资者而言，哪里才是投资者应该凝视的最具有成长空间的方向呢？

机会，始于看见。

论成长的自我修养

成长是什么？什么样的成长才是更好的成长？

认识成长，首先从区分成长和增长开始。成长不是增长。我理解增长侧重于结果，而成长侧重于过程，是一个持续的状态，这也是成长的价值所在。

为了更好地说明这一点，我尝试着提出一个问题：有没有可能一家公司是高增长公司，但却没有成长性？有的。比如有的公司热衷于并购，每年因为收购导致业绩增长，持续收购会带来持续增长，但是如果收购带来的业绩增幅占到了公司净利润增长的绝大部分，这样的公司就不能说具有成长性。

就内涵式成长而言，高速成长要好过低速成长；持续稳定的成长要好过脉冲式成长；高质量成长要好过普通的成长。前面两点比较容易理解，而高质量成长会发生在什么场景呢？

中国远洋的一位船长曾经讲过他遭遇台风的经历：当一艘巨轮和台风不期而遇时，逃生的姿势只有一个，就是将船头对准风口，开足马力，全速前进。除此以外，没有其他存活的可能。那么在一个相对恶劣的环境当中，高成长就是带领投资者度过这段时光的超级马力。

如果A、B两家公司所属行业不同，但是当年的业绩增幅都是50%，表面上看，两者成长性相当。但是具体来看，A公司所属的行业景气度高企，行业平均业绩增幅超过50%，而B公司所属行业遭遇周期性紧缩，行业平均业绩增幅只有5%。在上述背景下，就像迎着台风全速前进的超级马力，逆风飞扬的公司获得了更高质量的增长。等到行业环境转暖，更靓丽的成长前景值得期待。

高速、稳定、创新驱动、不受恶劣天气影响的持续成长，是公司成长应当追求的自我修养。

成长思维

斯坦福大学行为心理学教授卡罗尔·德韦克认为，人的思维模式分为两种：固定思维模式和成长思维模式。当然这样的区分并不绝对，更确切地讲，一个人或者以固定思维模式为主，或者以成长思维模式为主。一个人成长的过程可以说就是固定思维和成长思维博弈的过程。

固定思维模式的主要表现就是更在意既成事实以及基于既成事实所做的判断。有固定思维模式的人受制于现状，容易自大或者自卑。人们经常见到的关于天赋、天才以及先天不足之类的论断都属于此类。

有成长思维模式的人相信所有的成功都来自努力，他们关注的是如何在现有基础上增加自身的价值。不管自身价值目前处于什么水平，优秀或者平庸，都忽略它，然后专注于增量。

固定思维和成长思维无处不在，对投资产生了深远影响。在主流的价值投资范畴内，一直存在着两种路线，反映的正是固定思维和成长思维的差异。

最为经典的价值投资理论源于格雷厄姆，简而言之就是一个本来值一元钱的商品，现在在市场上只值三毛，价值投资者的做法是买入然后等待价值回归。大家有没有发现，其实这就是一个特别典型的固定思维模式。本来公司很值钱，但是现在被严重低估，它应该回到正常的水平。而这家公司本身的价值未来会发生什么样的变化，在整个逻辑当中并没有受到重视。

而成长思维模式则不同，它并不太关心一家公司的现在，或者说即使关心现在，也是希望从中看到未来的样子。而未来会不会有持续的、确定性的价值提升一直是关注的重中之重。这是巴菲特，特别是查理·芒格对于格雷厄姆理论的重要改变。

投资者只需要用几分钟的时间，就可以从自己过往的投资经历中发现，固定思维投资模式和成长思维投资模式所带来的收益差距显而易见。

曾经有一段时间，我也很困惑为什么看上去都很不错的公司，投资收益的差距会如此巨大。其实投资世界真正的分歧是对于未来成长的分歧，未来虽然充满了不确定因素，但是投资者要眼中有光，去发现并拥抱优质的成长公司。这是成长思维模式最为根本的基点。

有可能投资者对于成长思维模式还不适应，认为自己并不适合，或许这恰恰证明了对于这个问题的思考，他依然还处在固定思维模式当中。

低估的成长

低估和成长是投资者永恒的话题。按照估值水平，低估对应的是高估；按照业绩增速，成长对应的是价值。如下图所示，投资者根据这四个变量，可以将所有的公司划分到四个象限：低估的价值股、低估的成长股、高估的价值股和高估的成长股。

高估的标的永远是价值投资者应该远离的对象，这里要讨论的

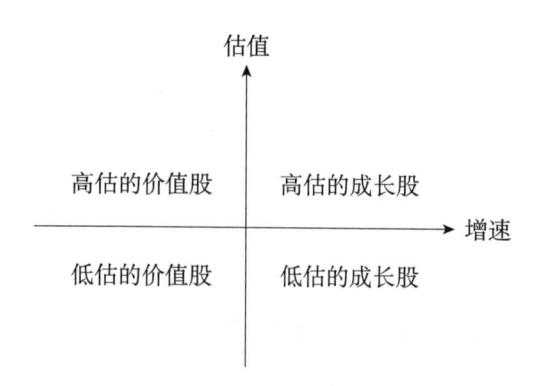

```
                    估值
                     ↑
                     |
       高估的价值股   |   高估的成长股
                     |
  ───────────────────┼───────────────────→ 增速
                     |
       低估的价值股   |   低估的成长股
                     |
```

是低估下的两种场景。

当市场处于牛市时，不论是低估的价值股还是低估的成长股，都会有不错的表现。但是当市场进入调整期时，个股分化会加大。调整行情中低估价值股和低估成长股的选择，是投资者在实践当中经常需要考虑的问题。

低估价值股的优点是便宜，而且在熊市中会特别便宜，缺点是弹性差；低估成长股则恰恰相反，弹性好，但是估值往往相对偏高。

每当行情处于调整期时，市场都会经历从估值驱动向业绩驱动的转变，在一个泡沫逐渐消退、估值下行的场景中，投资者只有两种选择：要么离开市场，要么留在市场当中，同时选择一种持续向上的力量来对冲估值下降的压力。

具体来讲，低估价值股的主要标签是低估值（低市盈率＋低市净率）、低成长和高分红，比如每到熊市末期，市场中总会有相当一批公司市盈率低于5倍、市净率低于0.5倍。这类公司貌似非常"安全"，但是它们最大的缺点是几乎不再成长，这意味着它们在股市中已经不在C位，更像是一种债券。在市场调整风险加大时，选择"债券"貌似是个明智的选择，但选择"债券"会让自己的思考处于半睡眠状态，很难说这究竟是一个收获，还是巨大的损失；另外，市场唯一不变的就是变化，选择债券大概率和下一次机会无缘。

在一个低于预期的环境当中，如果被动地想靠低估来渡过危机，是一个很大的挑战，因为一旦失去增速，很多"次生灾害"可能会发生，导致原来静态模式下"顺理成章"的结论不再成立。如果离开了成长，静态的低估值并不可靠，在2022年香港市场上房地产公司崩盘之前，多家龙头公司的市盈率就只有一倍。

所以整体而言，调整行情中的低估价值股并不像看上去那么"安全"，机会的出现只能依赖市场整体的转机。

和低估价值股不同，低估成长股虽然估值会面临不断下行的压力，这也是成长股的主要风险所在，但是成长股的最大特征是成长，估值变化主要取决于成长的质量。

即使在调整行情当中，业绩的持续增长最终也会以增量带动存量，推动公司价值不断增长。

抵御诱惑　稳定成长

对于投资者来说，成长很重要。这里问一个问题：已经实现的成长和将要发生的成长，哪个更重要？没错，一定是将要实现的成长，这就是成长预期。成长预期是一家公司价值稳定增长的推动器。

在一家国内领先的高科技公司（以下简称 H 公司）的发展过程当中曾经出现过这样一个案例，根据业务发展的需要，H 公司将一家下属公司出售给了一家外资企业。在出售前后，该下属公司的状态出现了很大的反差。在出售之前，受到 H 公司的企业文化和激励机制的影响，这家公司的年均增长速度保持在80%的水平。但是在出售之后，新任的管理者调整了原来的激励政策，将公司的增长预期下调为20%，让公司内部上上下下的人都感觉很不理解。

对于这样的现象，我理解是短期利益和长期利益的平衡。

在海外资本市场，特别是美国资本市场当中，清晰可靠的、可持续的增长是海外长期投资者最为期待的格局。每家上市公司在定期报告当中都有一个固定的环节，就是发布未来的盈利指引，用于引导投资者的预期。

毫无疑问，预期决定着投资者的价值判断。长期的预期决定着长期的价值判断。

回到上面所说的那个案例。外资收购方的逻辑是：没有人能用百米的速度跑完马拉松，他们在长期和速度中间，很显然更倾向于长期增长。根据常识判断，短期超高速的增长之后，必然是增速的逐渐放缓，而且大概率伴随着估值的大幅波动，这两种情景对于企业市值都会带来极大伤害。

海外资本市场主要是机构之间的博弈，相对来说更为充分，也更为成熟，上市公司很清楚资本市场如何来定义自己的价值，最终的选择是基于理性判断的结果。海外成熟公司的一个重要工作，就是管理投资者的预期。

一方面，长期可持续的20%的增长，对于一家传统行业内的大型公司来说，已经接近完美；另一方面，投资者对于短期高速增长背后的理性还需要有更深刻的认识。

我曾经采访过一家医药类上市公司，它曾经和外方成立了一家合资企业。最初的约定是，中方以土地和厂房出资，外方以现金出资，各占 50% 的比例。但是后来外方提出了异议，不希望将土地所有权纳入合资公司当中。但是在股权比例上，依旧可以维持此前各半的状态。

这种"天上掉馅饼"的诉求，是不是比上面案例中外方主动降低增速的举动还要"荒唐"？确实让中方感到费解。

外方的逻辑是：土地所有权并不是业务持续成长的必要条件，关键是他们无法确定对应的地下未来是否会发现有害物质，也不想承担由此导致的或有赔偿，这是一个巨大的不确定性。这种情形一旦出现，对公司市值的影响远远大于这块土地的价值，得不偿失。但是他们又确实看好中国市场的长期潜力，可以牺牲眼前的短期利益。

上面两个案例有一个共性，就是看似不理解的短期放弃的背后，都是为了维护公司长期持续确定性成长的核心逻辑。

短期是什么并不重要，长期是什么非常重要。

这样的诉求代价不菲，但是稳定的成长预期价值显然更高。这是海外市场，特别是华尔街的一个底层投资逻辑。

寻找革命性成长机会

在投资三要素——低估、成长和时间当中，从字面上来看，低估和成长不难理解，时间是指持有优秀的公司，时间会成为投资者的朋友。

对于很多投资者来说，低估和时间相对容易坚持，成长，特别是在复杂形势当中选择真正的成长，还是一件颇有挑战的工作。

目前所说的成长，和过往有很大的不同，不能再看老黄历。

过去投资者所说的成长经常会包括这样的情形：一家公司在好的赛道上，有比较好的产品和质量，随着消费人数的增长以及产品的换代升级，就可以获得一个比较稳定的成长收益，其中特别典型的就是消费品，包括耐用消费品。即使增速不高，只要保持持续成长，这些公司长期的投资收益也非常可观。

但是当经济进入调整期，同时也伴随着人口红利基础的消失，很多原来支持成长的逻辑出现了松动，进而导致投资者的投资信仰出现了松动。

所以寻找革命性成长是相对于普通成长而言的。投资者常说求其上取其中，如果追求的是一个20%的增速，那么当遇到风吹草动时，20个点的成长可能会下降到个位数，甚至被完全抹掉；如果一家公司的正常增速为100%或者更高，疾风知劲草，当不确定性加大时，其依然还能保持50%甚至更高的增速。这对投资者信心以及股价走势的影响会截然不同。

那么到哪里去寻找这种持续高成长的机会呢？

革命性的成长机会值得重点关注。就像当初智能手机替代传统手机、电动车替代燃油车、汽车替代马车、电灯替代蜡烛等等变革，这样的革命性机会不需要考虑人口的增量，因为面对的是一片蓝海，庞大的人口基数都将面对一个崭新的世界，所以就投资而言真正重要的并不在于买得低一点，或者手速快一点，而是能够静下心来想一想身边哪一条线上会开启这样革命性的成长机会。

但是仅有革命性的赛道是不够的，在管理层面同样需要革命性差异。怎么理解呢？一起来看一个例子：国内的某个省曾经进口了国外的一套面粉加工机械，但后来发生了一件大大超出预期的事情：在这套设备的生产国，生产某一产量只需要 20 个工人，而进口到国内之后，生产同样的产量却需要 200 个工人。后来找寻原因后发现，差距在于国内每个工人的工作都不到位，其实工人们的产出是一种乘数关系，而不是相加关系。投资者要去寻找的就是那种组织和管理具有乘数放大效应的企业，这是另一条轨迹上的革命性机会。

成长是一把双刃剑

把握成长股投资的优势显而易见，像微软和苹果这样的商业巨头都是创新驱动的成长型公司。从上市至今，它们最大的股价涨幅分别超过 5 600 倍和 3 800 倍，成就了庞大的商业帝国。

正是因为成长性投资可以带来如此丰厚的收益，才让证券市场充满无限机遇。但是当投资者被成长股带来的巨大震撼所冲击时，挑战也如影随形。成长股投资是一把双刃剑，当业绩不断超预期增长时，公司股价高歌猛进，势如破竹，但是当公司经营遭遇困境时，哪怕只是阶段性困难，哪怕业绩依然在增长，只要增幅低于市场预期，股价都会出现剧烈波动。

从股票的估值来讲，并不是说原来预计今年增长 20%，实际今年增长 15%，股价上就通过下跌这 5 个百分点体现出来，而是一旦发现增长失速之后，估值可能直接往下跌百分之二三十甚至腰斩。

META 这家公司自 2012 年上市之后，随着公司业绩持续增长，公司股价一直处于上升通道。变化发生在 2022 年，公司主营业务收入首次出现负增长，尽管只是同比下跌了一个百分点，但是公司股价在一年多的时间内最大跌幅接近80%。

此后，随着公司业绩恢复增长，股价仅用了一年多时间就创出了历史新高，截至2024年年底，最大涨幅超过600%，将市场对于成长股的态度反映得淋漓尽致。

所以严格来讲，对于成长型公司是不能出现增速放缓的，注意是增速的放缓，并不是说不增长了。但只要边际上不增长了，这对于一家成长型公司就是一件非常恐怖的事情。所以有时候不要说这家公司还有这么丰厚的利润，为什么市场偏偏在持续下跌啊？因为没有增量。对于成长型投资者来说，只要增长失速，就要考虑从股票池中将其剔除。当越来越多的机构把这样的股票从投资组合中剔除，反映在市场上是一种什么样的走势就可想而知了。

因此，成长性是成长股投资的核心，价值投资者的使命就是寻找革命性的成长机会。

此外，关于成长性机会，投资者不仅要关注高成长的赛道（虽然这一点非常重要），更应该关注如何把高成长落地。这需要管理流程、需要组织体系、需要企业文化、需要全公司统一认知，只有通过系统的力量，才能把高成长落到实处。

从赛道到产品，再结合企业文化、组织体系和管理流程等因素的过程，是持续做减法的过程，最终满足标准的标的非常稀少，这也决定了投资者可以选择的投资策略只能是在极少数优质成长型公司上精耕细作。

蜗牛的追杀
——自我成长

罗辑思维创始人罗振宇曾经被问过一个问题:"如果给你一个亿,但代价是终身被一只蜗牛追杀,你是否愿意接受?"他是这样回答的:"蜗牛是那么地慢,只要我打起精神,小心提防,它就追不到我。但是,只要我这一辈子稍微放松一点警惕,它就会追上我。为了自己的余生幸福、安然入梦,想想,那一个亿不要也罢。"

乍一听到这个问题,人们会觉得不以为然。蜗牛那么慢,这一个亿肯定是拿定了。但是如果仔细一想,就能理解罗振宇为什么会考虑放弃。

这意味着接受了一个终身挑战。因为人可能会懒惰、可能会休息,蜗牛虽然慢,但如果一直向前,那么被其追杀的人在这一生当中,就会一直感受到压力和挑战。

虽然这是一个杜撰的场景,但是像罗振宇这样一位持续学习的人都会慎重考虑,让人们意识到任何事情哪怕再慢,如果一直坚持,也会带来显著的影响和改变。

物以类聚,人以群分,选择持续成长,对于投资者来说也是如此。套用芒格所说的一句话,那些不买新机器的人,其实已经在为新机器付费了;时代在向前,对于投资者和投资的公司来说,即使不接受蜗牛的挑战,也要持续学习、持续成长,不能抱有侥幸心理,放慢自己的脚步。

第三章 长期主义

时间是决定投资标的三要素中最为特殊的一个要素。只有时间，并不能创造收益，但如果没有时间，所有传奇的增长都会化为平庸。

首先，时间面前，人人平等，时间对于每一位投资者平权。其次，时间是一个放大器。好的标的会通过时间放大收益，反之亦然；时间是一块试金石。它和优秀的成长型公司惺惺相惜，越优秀的公司，越值得付出时间去等待。时间胸怀宽广，不拘小节。可以包容成长路上的坎坷和颠簸……

时间的价值

对于长期投资而言，时间的价值毋庸置疑。但是在日常投资中，认识到长期投资的巨大价值，并且主动选择长期投资的人依然是少数，确立长期投资的认知还有很长的路要走。

俗话说：人无远虑，必有近忧。但是落实到投资层面，投资者的远虑和近忧并没有被公平对待。就像人们对于太空了解太多，而对于地壳了解太少一样。投资者对于未来的兴趣，绝大部分集中于短期，像程序化交易，已经达到每秒300笔以上的交易频率，针对短期的交易策略更是层出不穷；但是对于长期的资产配置和投资策略，绝大部分投资者则显得无所适从。

短期来看，投资者都希望利益最大化，同时却忽视了长期目标。其实，很少有人短期赚钱之后就平仓出局，短线只是长期投资生涯中的过程瞬间，而长期利益最大化才是投资者追求的终极目标。有投资者会认为，如果把所有的短期收益都做到最好，加总到一起，不就保证了长期收益最大化吗？投资者的思维和行为有极强的惯性，如果一开始站在了不同的跑道，中途变线的成本会高到难以执行。

投资者执着于短期交易，很大程度上是因为对长期收益的空间没有清晰的认识。沃顿商学院教授杰里米·西格尔对美国市场过去200年主要大类资产的表现进行了统计，如图3-1所示，如果在1802年将1美元投资于股票，210年后增长幅度为70万倍，对应复合年化收益率6.6%，位于所有大类资产之首；但是如果在期初将同样1美元作为现金持有，210年后购买力将损失95%。在股权投资当中，时间的价值被体现得淋漓尽致。

有投资者可能会想：像210年这样长的时间跨度，对于投资者的理财生涯是否有参考意义？我是这样来看待这个问题的：把一个理论和一个现象放在极端状态下检验，看其是否具有可持续性，更容易让投资者接近正确的结论。

以终为始，对于投资，我一直有两个担心：担心自己站得不够高、看得不够远。二者相辅相成，站得高才能看得远，另外，看得远才能获得足够的信息，支持自己在全面客观的选择中抓住重点。正是因为过于在意投资的短期因素，投资者才会忽视市场中长期的确定性机会；也正是因为过于在意短期因素，才让投资者对于系统

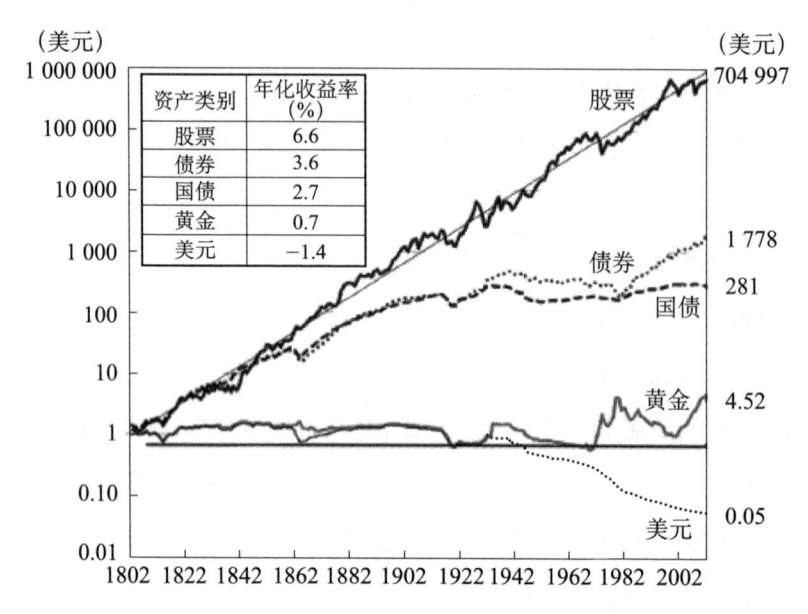

资产类别	年化收益率(%)
股票	6.6
债券	3.6
国债	2.7
黄金	0.7
美元	-1.4

图 3-1　1802—2012 年美国市场主要大类资产的总体真实收益率

资料来源：[美] 杰里米·西格尔. 股市长线法宝. 北京：机械工业出版社，2012.

性风险的放大熟视无睹……而这些被忽略的因素，恰恰是决定投资者长期甚至终身收益最主要的因素。

相信时间的力量

在 2010 年前后，我关注到沪市有一家上市公司持有某个省会城市的一家口腔医院，并且该口腔医院已经在向着连锁化经营的方向发展。自己当时因为牙齿不好，需要经常去口腔医院治疗，所以对于口腔医院人满为患的情景印象深刻。我相信好的口腔医院一定是一个地区的稀缺资源，有着很高的进入壁垒。

正是基于这样的认识，我开始认真研究这家上市公司，短期来看，公司的营业收入增长并不明显，而且市盈率偏高，市场走势也非常胶着，三五个月，甚至未来一两年都未必能摆脱盘局，因此看上去并没有太大的吸引力。但是如果把眼光放长远一些，从未来趋势看，很少有人会怀疑它的竞争优势将越来越明显。事后证明，确实如此。就是这样一家当时短期走势毫无吸引力的公司，后来的最大涨幅超过百倍。

当时还有一个小插曲：在跟踪这家上市公司时，我咨询了一位熟悉口腔医院运作的朋友，他对于投资这家口腔医院持否定意见，历数了行业内的种种问题和弊端。事后来看，他所说的问题确实存在，但是股价的上涨并不完全基于个体原因，还会随着市场对整个行业的认可不断强化，这也就是行业内所说的靠选赛道实现胜出。

上面这个案例虽然有偶然性，但是从中也可以看到，投资一个拥有长期确定性前景的行业或公司，所带来的收益远超预期。曾经的短期利空或者问题等负面因素，是决定当前市场价格的主要原因，而未来的确定性因素，则决定着公司的未来价值，二者之间的巨大差距就是长期价值投资者的预期收益。

对于投资者来说，如果短期看不清楚，就往长期看，直到看清楚为止。时间最终将帮助投资者摆脱短期情绪对市场的影响，向长期价值回归。

时间的福利

我大学毕业之后曾经做过三年期货交易员，或许也只有做过期货之后，才能够深刻理解长期主义是股票市场给投资者的一个福利。

因为相对于期货交易苛刻的环境，股权投资所享有的交易条件显得极为珍贵。如果投资者没有充分享用这份馈赠，交易当中的盈利概率会受到显著影响。

期货交易的"苛刻"之处至少有两点：首先是有交割期。就是说投资买入的这个交易品种是有有效期的。一般短则几个月，长则一两年。最迟到交割日，投资者必须结束这笔交易。哪怕投资者认为这个品种未来有巨大的上涨潜力，但是到交割期之后也无法继续持有。所以在期货交易当中，短期思维是占上风的，这是由交易规则决定的。

期货交易的第二个约束是保证金制度。期货交易天然是带杠杆的，往往是5~10倍。但是在两种情况下，投资者需要追加保证金：一种是进入交割月份，还有一种是遇到市场剧烈波动时。做融资交易的投资者都很清楚追加保证金是什么概念。往往提高保证金时，也就是大部分投资者退出市场的时候。

主要受这两个因素的影响，短期甚至超短期交易是期货交易者主要的盈利模式，这也导致期货市场投资者盈利的概率相对于股票市场更低。甚至印象中都很少看到这方面的统计。当然，和高杠杆相关，期货市场更容易产生暴富神话，从逻辑上来讲，一年收益上万倍都有可能，但这是一个极小概率事件。

如果把期货作为一面镜子去反观长期价值投资，其主要的盈利模式应该和期货没有交集。一方面选择长期无忧的交易品种，另一方面又没有追加保证金的约束，长期投资确实是普通投资者的基本盘。

下面是更进一步的一点思考。

长期主义所对应的投资原则包括很多因素。其中最重要的是找到一个可以长期锚定的优质标的，这是长期主义可以落地的载体。另外，从交易层面，当投资者遇到市场由短期因素主导时，他可以清晰地看到市场波动给长期目标所带来的交易价值。投资者可以选择有精确刻度的标的，并且据此来设计自己的交易策略（参见第72页"寻找有刻度的标的"）。

　　长期交易以及长期交易所产生的衍生价值，对于投资者来说意义重大。无论是对于投资者自身，还是对于整个市场的优胜劣汰，价值都不可估量。

　　一定要将时间"浪费"在有价值的标的上。

时间是战略，不是策略

　　为了在长期投资中兼具确定性和灵活性，在仓位管理上可以将投资一家公司的仓位分成三份，其中A类是长期仓位，就是在达到最终目标之前，不交易不撤出；B类是中期仓位，针对的是阶段性目标；C类主要是以现金的形式存在，主要的功能就是当市场出现超预期波动或者"黑天鹅"的时候，在市场的估值体系受到冲击时进场买入。

　　A、B、C类资金各司其职，站在建仓的起点，投资者无法预知未来市场是会先触发A类目标，还是C类目标，如果未雨绸缪，那么不管市场如何变化，都可以有备而往，避免处于被动。

　　认知往往走在执行的前面，有时候甚至会领先很长时间。上述仓位分类的具体执行过程并没有想象的那么顺利，比如投资者经常会遇到下面这样的场景：一只股票已经达到了阶段性目标，对应的C类和B类仓位都已经离场，只剩下A类持仓。

只有置身于这样的场景，有一个问题才会出现在投资者面前，那就是在阶段性目标达成的这个价位，A类仓位是否需要继续持有？如果继续持有，是在交易自己的计划；但未来是不确定的，股价很有可能冲高回落，这种情况下继续持有A类仓位在未来很长时间内可能没有效率。延迟满足虽然在长期投资当中被津津乐道，但是在实际执行过程当中，投资者一定会面临即时满足的诱惑。

这个问题曾经一直困扰着投资者，直到一个角度的出现让人豁然开朗。对于战争博弈来说，既有战术武器，也有战略武器，如果参照武器的功能，投资者的持仓可以大概做以下分类：A类显然是战略武器，B类和C类都是战术武器。

毫无疑问，战略武器和战术武器针对的目标有着显著差异，而战术目标和战略目标的差异，显然不能以效率高低来进行衡量，更不能用战略武器来解决战术问题。而投资者在A类资产上面，因为担心股价回落而落袋为安的想法，不正是在用战略武器解决战术问题吗？

A类资产的存在本来就是瞄准投资上的战略目标，当到达长期目标股价时，意味着战略目标出现了，这就是触发A类资产变现的时点。既然是战略问题，就一定不能患得患失，以战术上的得失来进行衡量。

如果不能在机制上将战略资源和战略目标锁定，那么等到战略目标出现时，投资者所能做的只是一声叹息。

长线投资者需要一直保持瞄准战略目标的能力。

放　手

疫情期间我经常带孩子一起放风筝，放风筝可以有效缓解颈椎疲劳，是一项很赞的运动。

放风筝的时候，人们会遇到一个非常有意思的现象。就是在风筝刚离开地面时，需要经过一系列折腾，经历一次次失败，最终才会迎来一飞冲天。

这种感受和投资带来的感触如出一辙。一飞冲天，是新一轮价值实现的开始。这个时候的放飞者无一例外都会把手中的丝线尽可能放出，让风筝越飞越高。但是对于绝大多数投资者来说，此时却会面临着巨大的纠结，往往以逢"高"了结的名义，一次次扼杀本该展翅翱翔的机会。

业内有一家老牌基金管理公司，曾经发行过一只封闭式基金，后来转成了开放式，从设立到之后的20多年时间里，这只基金的净值最大涨幅达到40倍。但非常可惜的是，基金的规模越来越小，不断被赎回，很少有投资者能赚到自始至终的巨额收益。

就像在学习的问题上，家长的焦虑毫无疑问会影响到孩子的发挥，对于投资者来说，放手，才有机会欣赏到好公司未来的样子。

这一刻，您等了多久？

前面大部分内容是讲买入之后的持有时间，其实时间还有另外一重含义，就是等待买入的时间。

最近我一直在看不同风格的投资书籍，最直接的感受就是自己的视野原来有太多局限。一方面，每个人都像在盲人摸象，进入视野的内容本身就有限；另一方面，每个人的主观取舍又进一步使自己的视野受到约束。结果就是，投资者不可能客观地定义自己和自己的投资行为。读书越多，对市场就越有敬畏之心。

其中，感受最深的也是自己差距最大的，是对于等待的理解。长期投资需要投资者忍受孤独，学会等待。但是至于等待什么，只能笼统地理解为等待机会。在认知上如果不到位，那么体现在执行上就一定存在偏差。

关于等待，一方面，投资者的使命是需要找到足够好的企业，找到能够持续成长、雪道足够长、看不到天花板的企业。从这个意义上来说，并不需要等待，反而应该积极调研，获取信息。但是，在寻找公司的过程中，投资者经常会遇到这样的情况：虽然发现了一家好公司，但是没有找到合适的出击节点，还需要更多的时间进行验证和观察。在这个过程当中，就需要投资者的等待。一般而言，一家十全十美的公司不太可能成为投资者的囊中之物，如果足够好，市场的分歧不大，在估值上一定会充分体现出来，很难存在预期差。除此以外，绝大部分标的或多或少都会存在一定的瑕疵，需要经过时间去验证。

还有一种等待，就是等待好的估值时点。价格变化不仅受到价值的影响，也反映着市场情绪的短期波动。价格层面上的等待，本质上可以通过价格的低估来弥补未来投资上超出预期的风险。

可以设想一种理想情形：公司的经营态势在往好的方向转化，同时公司的估值越来越低，两种趋势背离的矛盾一定会迎来投资者扣动扳机的最佳时点。当然，理想的情况很难出现。而真正出现时，绝大部分投资者手上也早已没有现金。

但是，这并不妨碍投资者把等待作为衡量投资者分级的一个指标。从这个角度来看，平时道听途说，或是草草了解之后就急不可待入场买入，是不是显得过于仓促？一个没有付出等待的标的，很难是真正意义上投资者能够理解的好标的。

下一次买入，您准备等待多久？

短期的诱惑

我曾经和一位长期业绩优异的公募基金创始人交流，对于市场关注的短期趋势，他漠不关心。而对于如何在低估值中寻找长期机会，他如数家珍。

短期和长期，似乎成为卓越和平庸的分界线。

如果投资者面前有两条路：一条是大盘明天涨停，但是更远的未来并不明朗；一条是短期没有方向，但是未来20年大概率会有10倍以上的收益。

相信市场和媒体的兴奋点一定会聚焦在第一条上面，事实也确实如此。大部分人把短期盈利看得比什么都重，而长期收益总是因为离自己太远而无暇顾及。

为什么要说这个话题？

接触证券市场20多年，随着时间的推移，我对于短期的市场热点越来越不关注。因为看过太多投资者短期翻云覆雨、长期一无所有。短期的市场脉冲从长期来看，和财富增值几乎没有任何关系。

2008年，上证指数就曾经两次接近涨停，4月24日和9月19日，涨幅分别达到9.29%和9.45%，但是这并未能阻止当年的上证指数基本以全年的最低点报收。

即使有短线投资者在这两次涨停当中把收益照单全收，但相信对于他长期的业绩来说，这些收益的影响可以忽略不计。

但是如果投资者从那个时候开始长线布局，过去10年，有些行业的指数涨幅已经超过5倍，尽管大部分日子看上去都是那么波澜不惊。

注意，这里说的是指数，并不是个股！10年5倍，其实不必特别忙碌，也不必武装到牙齿。

和明天涨停的新鲜刺激相比，绝大部分人似乎忘记了自己来这个市场的使命——最重要的不是短期，而是未来。

在投资的历史长河中，一边是贡献长期价值的主旋律，一边是基本可以被忽略的短期噪音，做出正确的选择似乎并不困难。但是，具体到每一天，噪音的影响都远远大过主旋律，长期投资任重道远。

天降横财

关于长期投资，漫长的等待可能让大部分投资者望而却步，但在正确方向上等待的收益确实又极为丰厚。

我曾经复盘过所有过去20年涨幅超百倍的上市公司，虽然它们的基本面极为优异，但是在绝大部分时间里，这些公司的股价走势并没有什么特别之处，甚至有时候会长期横盘，而同期走势强于它们的公司比比皆是。

但越是在这样的时候，追求长期价值增长的投资者越需要坚持；

因为对于优秀的公司，收益可能迟到，但不会不到。拉长时间来看，这些公司的共性就是长期涨幅非常惊人。

有一位知名的基金经理曾经讲过他的一次亲身经历，在 2002 年的时候，他曾经基于基本面分析，在香港市场买入了港交所这只股票，买入后很长时间股价表现平淡，后来在 2003 年 5 月股价突然出现上涨，两个月时间，股价从 8 港币涨到 12 港币，涨幅超过 50%，他觉得幸福来得如此突然，选择了获利抛出。但是没想到在随后的四年时间里，港交所的股价最高达 268 港币，涨幅超过 30 倍。

此役之后，他对于股价的短期波动完全免疫。

在投资者身边，其实也经常出现这样的情况：对于自己深思熟虑、精挑细选出的长期标的，如果突然出现股价上涨，很多人在潜意识中会选择落袋为安，虽然他们寄希望于低位回补，结果大概率再也没有了买入机会。

中国有句古话：人无横财不富，马无夜草不肥。突如其来的上涨就像是天上掉下来的馅饼，让人很难抑制内心的冲动，而获利了结似乎是让自己安静下来的最好选择。

在西方的行为经济学当中，有一种"管窥效应"，讲的是人类在考虑其极度关注的事情时，就像通过一根管子看一个事物，所有的注意力都会聚焦其中，而关注不到这根管子之外的情形，从而做出错误的决定。

面对突如其来的上涨，投资者最主要的精力，从管窥的角度来讲，就是仅关注财富的变化结果，而忽略了最初选择它的多种理由，理性的声音被挡在了管子之外。

对于那些持续成长、业绩优异的长线牛股来说，所有过往，皆为序曲。就像上面说到的港交所，在 K 线图上，当时曾让人心潮澎湃的 50% 的涨幅，事后来看完全可以忽略，那里是长期行情升起的地平线。

长期投资的目标管理

对于长线投资者来说，买入一家公司时，心理预期一般是经历 3～5 年时间，收获 3～5 倍空间。反过来说，潜在的空间越大，投资者的持仓过程相对会越坚定。那么这个 3～5 倍，就是投资者的收益目标。

买入股票，确定了投资目标，接下来就可以持有到目标价位落袋为安？投资显然不会这么一帆风顺。在持有过程中，难免会出现很多短期因素来挑战投资者的神经，既有外在的突发消息，也有内在的人性博弈。大部分短期因素会导致短期目标调整来响应突发的变化。在这样的背景下，就会出现短期目标和长期目标的博弈。

有朋友可能会问，如果短期目标和长期目标一致，是不是有利于长期目标的达成？当然，但是这样的情况可遇不可求。不管是突发的短期利多还是短期利空，最终结果都会影响到长期目标的实现。

一方面，如果因为短期利空抛出筹码，会直接影响到长期筹码的锁定。另一方面，即使因为短期利多进行增仓，但是在短线获利的影响下，投资者短期交易的冲动会加大，同样也会动摇长期持股的稳定。

那么应该如何来处理短期目标和长期目标呢？理论上来讲，在一个时间段内，只有一个主要目标，投资者需要围绕主要目标制定投资策略。主要目标既可以是长期目标，也可以是短期目标。当这个主要目标达成之后，再转换到下一个主要目标。

之所以说短期目标可以作为主要目标，是因为要客观评价短期突发因素对长期目标的影响。如果短期因素可以将长期目标证伪，让长期目标难以实现，那么原先的长期目标就没有了存在的意义。在新的长期目标确立之前，短期目标就成为主要目标。

但是大多数情况下，长期目标是投资中的主要目标，投资者的主要工作是克服短期目标的干扰，坚定地将长期目标执行下去。

回顾历史，投资者往往是选对了标的，但并没有赚到对应的收益，主要原因就是没有做好时间管理，宝贵的筹码没有持有到最后。当长期目标可以兑现时，手上的筹码早已经抛出，空留下一声叹息。

如果将一只牛股的生命周期简要分成三个区间，应该是整理期（A）、上升期（B）和见顶回落期（C）三个阶段，虽然不同公司的A、B、C三个阶段各不相同，但是一般来说，对于牛股而言，B阶段的时间可以长达十几年或者几十年，像苹果、微软以及开市客（COSTCO）等公司。对于身处其中的投资者来说，B阶段最有效的策略就是"忘记"自己的筹码，在这个时期，不干预就是对于投资业绩的最大支持。

投资者很容易受到高抛低吸交易的诱惑，但是从历史经验来看，这种操作只有发生在A阶段才具有可操作性，能够在一定程度上降低持仓成本；一旦公司确定性进入B阶段，持有就是最好的策略，没有之一。而如果进入C阶段，投资者应尽快清仓并且在自选股中将其删除。当然，如果公司仅仅是因为严重高估而卖出，那么可以在手机中设定一个备忘，提醒自己 N 年之后再回来看看其是否具备投资价值。但是短期而言，还是离得越远越好。

认清并且认真执行时间管理的三个目标，应该被投资者提升到战略高度。

长期投资的时间管理

前面曾讲过一只超级牛股所包括的三个阶段，那么其中哪个阶段是最佳的介入时点呢？

假设将买入的三个不同时点分别以 X、Y、Z 来表示。如图 3-2 所示，比如在一家牛股公司进入上涨阶段之前，可能会经历长期或者超长期的横盘，这个阶段称为 A 阶段，如果投资者确定这家公司的股票将来是一只超级牛股，那么发现的第一时点就是 X 时点。

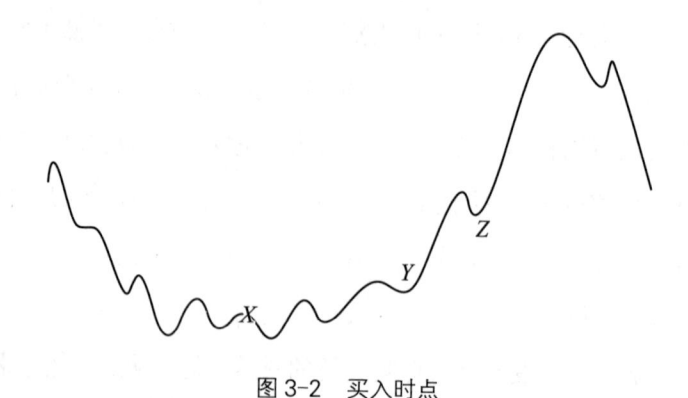

图 3-2　买入时点

如果投资者不愿意忍受等待的过程，通过基本面分析并结合市场的环境变化等因素，选择在确定这家公司正处在从 A 阶段向 B 阶段转换的拐点时入场买入，那么这个时点称为 Y 时点；还有的投资者更看重确定性，偏向于右侧投资，就是当股票进入上升通道之后，即进入 B 阶段之后再出手，这个时点称为 Z 时点。

投资者的关注点不同，选择也不同，每个人都有自己不同的模式，如果单纯比较 X、Y、Z 三个时点，各有利弊。但是结合确定性因素，选择会更清晰。原因有两点：首先，未来是不确定的，如果真找到了一只超级牛股，十鸟在林不如一鸟在手，有仓位是未来收益最确定的保障；长期横盘只是一种概率事件，也有可能随着内外部因素的变化，很快就出现上涨，这种情况下如果没有筹码，投资者很难原谅自己的低级错误。

还有一个选择 X 时点的原因，就是有没有重仓。投资者研究的深度以及对信息的敏感度都会截然不同，以至于看到的就像不是一家公司。为什么会有这样的差别？应该是由人性所决定的，这种厚此薄彼的差距早在潜意识层面就已经形成，很难靠投资者的主观意识去调节。

当然，投资者也有可能因为入场太早，随着耐心被消耗，最后实在忍受不了了，在卖出之后股价才开始起飞，所以他们会选择 Y 和 Z 时点。

在长期投资的逻辑中，首先是有和无的区别，然后才会考虑优劣、考虑效率。从时间的角度去看，长期投资最大的成本或许就是时间成本。

当然，选择任何时点都有利有弊，也都是一个概率事件。有朋友可能会问：如果在 X 时点买入，后来发现它不是一只牛股怎么办？这又回到了投资市场当中最原始的问题：没有人能确定哪一家公司的股票一定会成为牛股，每个人都以自己的认知对盈亏负责。但是越早重注一家公司，会越早知道答案。

极简投资：时间是唯一变量

投资策略的选择一直是投资者关注的核心。正因为投资有不确定性，所以衍生出繁杂的交易策略和量化模型。办公室里连电脑都没有的巴菲特也能成为首富，而曾经位列美国四大天王之首的长期资本管理公司走向破产，表明诺奖得主和复杂的模型也无力回天。

是不是复杂的模型会让投资者忽略最基本的常识，就像增减衣服要根据自身的感受，而不是一味地相信天气数据？既然简约也未必不好，那么就像扎克伯格一成不变的T恤，投资有没有极简的盈利之道？

券商研报里的风险提示一般只有寥寥数语，但往往就是这些看似不起眼的风险，最终成为影响投资收益的核心变量。如果一个诱人的投资结论伴随着诸多从政策到行业、从宏观到微观的风险提示，投资就会遭遇多变量的困扰。每当市场出现调整之际，变量的去向就成为关注的焦点。

我喜欢这样被提示风险：时间是达成目标的唯一变量。

对资本市场来说，找到只有一个变量的投资策略难上加难。但也唯有如此，才能把有限的资源集中到极简的策略上去。退一步说，即使找不到只有一个变量的极致，随着变量减少，投资的不确定性也会明显降低。

我曾经关注过约翰·邓普顿、欧文·卡恩、罗伊·纽伯格、沃尔特·施洛斯和菲利普·卡雷特等享誉世界的百岁投资大师，他们最大的共性就是寻找足够便宜的标的，做时间的朋友，周而复始。

和简单到有些枯燥的投资策略形成对比的是大师们杰出的收益

率和巨额财富。其中罗伊·纽伯格从业 68 年，没有一年亏损。如果把长寿也视为投资的收益，那么大师们的收益率还会大幅飙升。

斩断了亏损的路径，收益就成为时间的朋友。对于这种极简的策略，等待是最主要的成本：不是在等待买点，就是在等待卖点。

一只牛股的启示

我最近复盘了一只超级牛股的历史走势，希望能给后续研究找到一些启发。这家公司在上市之后相当长的时间内，虽然业绩表现不错，但是因为缺少题材概念的光环，公司股价长期横盘，一横就是 10 年，而同期深圳成份指数上涨了两倍。

转机发生在 2005 年底，从这个时点开始，公司股价按照后复盘计算，在 15 年的时间中，涨幅超过 130 倍，而同期沪深 300 指数的涨幅是 5 倍。投资者即使在投资组合当中只用 10% 的资金持有这家公司，其他资产保留为现金或者完全没有收益，投资组合 15 年的累计收益也将达到 13 倍，相当于每年 18% 的复合增长率。

对上述表现提出的问题值得思考。在同期大盘涨幅为两倍的情况下，投资者如何才能有定力坚守一只表现平平的潜力股？在 100 多倍的涨幅过程中，投资者如何才能有定力咬定青山不放松？

其实，此定力非彼定力，此坚守也非彼坚守。前面 10 年和后面 15 年之间一个最大的区别就是，前面是 A 阶段，后面是 B 阶段（见下图）（参见第 40 页"长期投资的目标管理"）。

A 阶段和 B 阶段的区别既有内在因素，也有外在因素。基本面方面，虽然从上市开始，A 公司的主营业务收入一直保持了持续增

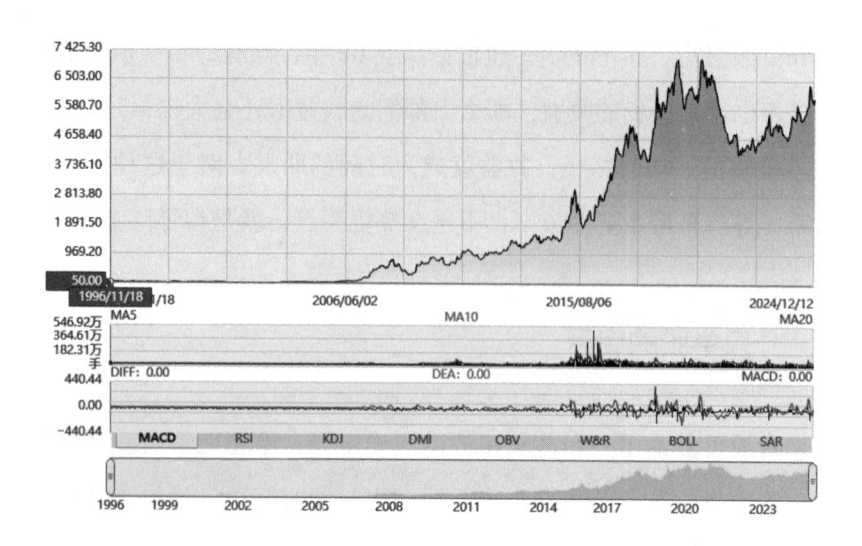

长，但是从 2003 年开始，增速加快，当年的主营业务收入增速超过 40%，同时前十大股东基本被机构投资者占据，不过直到接近两年之后，也就是 2005 年底前后，公司股价表现才从 A 阶段进入 B 阶段。

那么，为什么从公司基本面出现明显变化，到股价进入上升通道，有近两年的时滞？这就和包括改革在内的外部因素有关。一般来说，一家公司的股价上涨是多方因素共振的结果，2005 年的股权分置改革以及海外研究机构的重点推荐，是公司股价上涨启动的主要外部因素。

在内外部因素的共同作用下，公司的筹码出现了供不应求，推动股价不断上涨。

在完成了从 A 阶段向 B 阶段的转换之后，从市场的角度来看，应该把它看作两家不同的公司，投资者的心态要相应地进行调整。在 A 阶段，投资者坚守的是逢低不杀跌不嫌弃。在 B 阶段，投资者要做到不恐高不急功近利。

阶段不同，重心不同，投资者的使命也不同。

对于一个正处在 B 阶段的高增长公司来说，投资者应该做的选择显而易见。翻开上述牛股的月线图，缩小来看，在百倍上涨的 15 年当中，几乎看不到有什么调整。但是放大去看，其间有几次调整的幅度也超过了 30%，但是并不影响终局。

通过这个案例，我意识到一个问题：等待，哪怕什么事情也不做，可能是相对于低估和成长而言，投资者要克服的最大障碍。如果持有十年不上涨，需要怎样的心态和执着？是不是会让大部分"叶公"望而却步？

第二篇：使命必达

如果将长期价值投资比作一段旅程，在上一篇确定了投资标的之后，接下来关注的就是如何完成使命，顺利抵达。

首先，在一段漫长的旅程当中，投资者前行的动力来自何方？主要来自三个方面，自律、持续学习和聚焦。自律是敬畏边界，自我驱动；持续学习可以让投资者走得更远；而聚焦就是咬定目标不放松。

第四章 自 律

自律就是自我管理的能力。在投资过程中，由于恐惧和贪婪心理作怪，投资者经常动作变形，人为地进一步将恐惧和贪婪放大，增加了投资的风险。在这种情况下，就需要呼唤投资者的自我管理能力，主动进行干预，保障既定计划的执行。自律是价值创造的一个重要源泉。

这一章的内容主要包括投资者在心态、仓位和投资行为方面的自我管理。

自律（走出舒适区）

如果提出这样一个问题：究竟是基本面本身，还是投资者的主观意识，在主导着自己的盈利增长？投资者可能会说，从长期来看，投资利润只能来自实体企业的价值创造。

这样的回答不能说是错的，但未必适用于回答上述问题。为什么持有同样一家公司股票的众多投资者，最终业绩千差万别？在走向收获的过程中，投资者的内心经历了怎样的博弈？决定投资者盈利的主导因素又究竟是什么？

其实，投资者实现的投资盈利和所投资股票的走势是两个概念。投资者在决定买入或者卖出一家公司，以及持有多久等方面，主观想法起到决定性作用，决定着投资盈利的水平，是影响投资盈利的重要因素。

在投资决策当中，投资者觉得自己应该在这儿止盈，应该在那儿止损，这样的操作当然无可非议，但是在做出这些判断时，投资者是不是真正能够把市场本身的趋势和自己主观的判断区分开来？

也就是说，投资者有没有认识到主观判断是自己的"一厢情愿"，行情并不会因为自己的离场而结束，也不会因为自己刚刚建仓就开始启动，行情的轨迹和自己的判断是完全独立的两条路线？

每位投资者都希望自己是对的，希望市场的未来走势会大概率符合自己的判断，但是不同投资者之间的区别就在于，有没有将未来的变数纳入自己的交易策略当中，使其成为自己交易的一部分，还是只被动接受市场变化带来的冲击。

投资者应该都有过这样的经历，当市场走势和自己的判断背道而驰时，内心会承受越来越大的压力，当这种压力达到极限时，投资者必然会通过交易改变原来的头寸。

我曾经以为，投资者只是在市场表现超越了自己的认知时才会选择进行交易，比如说低估时越跌越买，高估时越上涨越卖，除此以外，在达到目标之前一直维持原状。

但是后来意识到，在大多数情况下，盈利的空间首先并不取决于投资标的的客观变化，而是取决于自己内心为它的上涨留出了多大的增长空间。

绝大多数时间，投资者的资产规模基本在一个水平区间温和波动，这其中有认知水平的问题，但更大程度上是受制于投资者自我设限的约束。

从10万元到100万元，从100万元到1 000万元，每一个层级的"破圈"都需要克服内心特别强的"地心引力"。从这个意义上来讲，投资盈利，首先需要投资者在内心为自己的成长打开空间，否则总会有冲动以种种理由扼杀成长。潜意识会通过各种方式告诉自己这样不可以，要谨慎一些，要落袋为安。

即使长期非常确定性的成长，在破圈穿越的过程当中，也会遇到各种各样内心潜意识的阻挠。所以成功的穿越，就像宇航员在不同空间穿越一样，需要做好充分的准备，物质的、身体的特别是心理的准备。

投资者不要低估心理承压导致动作变形的风险。

很多时候，投资者的盈利总是莫名其妙地被打回原形，其实是因为没有克服内心那种"地心引力"，总是想尽快回到自己的舒适区，落袋为安。

投资者可能比较容易接受在目前水平上百分之二十、三十甚至五十的快速增长，但是当市值成倍甚至以几倍的幅度快速增长时，投资者很容易处于一种"失重"状态。

避免出现这种状态有两种路径：要么及时刹车，让自己继续留在舒适区；要么有备而来，通过提升自己的认知水平和心理承受能力，缓解市场剧烈波动给自己带来的焦虑，为投资盈利的长期增长留出空间。

还是那句话，最大的风险和最大的约束都是自己，投资者本以为那些最为安全妥当、符合自己想法的"投资策略"，恰恰可能阻碍了自己实现穿越,和最初的愿望背道而驰。

很多优秀的投资者爱好户外运动,如登山、滑雪、冲浪等,似乎没有花太多精力在投资上。他们做这些运动是在调整自己的心态,拓展自己心理承受能力的边界,从而为投资盈利的进一步上涨拓展空间。

遵守规则

在生活中,人们遇到红灯会停车,汽车每开到五千或一万公里就保养一次,不会游泳的人绝不会贸然跳入水中,打雷时很少会待在树下……在生活当中大部分人愿意遵守规则,甚至主动去遵守规则。

遵守规则已经走进生活中的方方面面,每当学生放假,家长都会收到学校的重要提示,提醒假期出行当中的注意事项和应该遵守的规则。人们与他人道别,或者说过年过节,大家送上祝福时,往往都会说祝您平安。毫无疑问,平安的前提是遵守规则。规则是人们平安的守护神,在现实生活当中,每个人对于规则或多或少都存在着敬畏之心。

但是同样一个人,到了资本市场当中,行事风格在很多场景下会截然不同。投资者即使对于买入的股票一无所知,也可能会借钱加杠杆孤注一掷;投资者还会把盈利的股票尽快了结,却让亏损一直奔跑……一旦进入股市,很多投资者马上会变得随心所欲,原先在生活中对规则的敬畏消失得无影无踪。

在资本市场当中,盈利恰恰是对遵守规则的奖励。我曾经看过一本书，作者是美国的一位退伍老兵。他原来从未接触过股票投资，一个偶然的机会，他救起了一位不慎落水的老人。而这位老人是一位成功的投资者，后来成为这位老兵进入资本市场的引路人。多年之后，这位老兵取得了非常优异的投资业绩。他在书中最深的感受就是因为军人出身，他能够遵守规则，这也成为他投资盈利最重要的保障。

投资是参与一场复杂的博弈，而持续盈利就是对遵守规则的奖励。

专业是一种习惯

如果时光倒流 20 年，曾经有那么一个时代，寻呼机（也称 BP 机）是最时尚的通信工具。当时我有一位朋友，半夜里 BP 机突然发出刺耳的尖叫，机主发现原来是有人在恶搞，机器屏幕上赫然显示：姿势不对，起来重睡……

这虽然是个玩笑，但是请您先别笑，此处要说的，就是管理自己的姿势。

因为我的孩子在学小提琴，我曾约过一位小提琴演奏家朋友一起聊天，请他给孩子"把把脉"。由于他们之间的水平差距实在太大，我很好奇最终朋友会给出怎样的建议。

在听完孩子拉的一首小提琴曲之后，这位演奏家送给孩子的只有两个字：姿势！

他说即使是中央音乐学院附中的学生，已经练了多年小提琴的孩子，在进入中央音乐学院之后，最重要的一件事就是纠正姿势。他们往往要拿出一个学期，甚至一个学年来只做这一件事，改掉自己多年以来形成的错误姿势。

他说这句话时声音并不大，但是这句话经常在我耳边回响：如果姿势不正确，虽然暂时并不影响演奏效果，和别人的差别也不明显，但是错误的姿势最终一定会成为一个人向上发展的瓶颈。

专业就是一种习惯！

但是对于投资者而言，认为条条道路通罗马的人却不在少数，他们在各种投资姿势的实践中乐此不疲。

就像有些短线投资者，在行情火爆时，重仓个股加杠杆，一个月的时间就可以收益翻倍。

即使姿势不对，因为机缘巧合，也可以短时间赚很多钱，甚至可以赚很长时间的钱；但是时间再拉长一些，往后走一定会遇到挑战。

错误姿势的背后是每个人首先选择了让自己舒服的方式，理性正确的选择往往被束之高阁。

斯坦福大学心理学博士沃尔特·米歇尔曾经在20世纪60年代做过一项著名的棉花糖实验。共有600名4～6岁的儿童被要求做出选择：每个人面前都放着一块棉花糖，如果谁能坚持15分钟不碰它，那么15分钟后将被额外奖励一块棉花糖。

结果总共大约有三分之一的儿童坚持了15分钟，并得到了奖励。即时满足更接近人类的天性，大部分人无法摆脱眼前的诱惑，即便他们清楚延时满足会得到更多收获。

在股市这个名利场中，投资者的天性暴露无遗，可以实现即时满足的短期利益大部分时间超越理性成为投资者的实际选择。

这也就意味着，很不幸，投资的对手是人的天性，投资者的天性是理性投资的一道天然障碍，当投资者来到这个世界时，它就已经存在；如果放纵天性，投资最诱人的几个标签——不亏损、复利、长期成长等等都和投资者无关。这也是成功投资必须反人的天性的重要原因。

沃尔特·米歇尔的实验并没有结束，10年之后，他们找到了500名实验参与者，其中有1/3的人同意随后每10年接受一次采访。令人惊讶的是，当初能够为了奖励而坚持忍耐更长时间的儿童普遍具有更好的人生表现。

看来好姿势和好习惯带给投资者的并非只有盈利那么简单。

对于投资者来说，如果一直生活在舒适区，错误的习惯得不到纠正，或早或晚，在某个深夜，内心会再次被滴滴的尖叫声唤醒：姿势不对，起来重睡……

学会放弃

"我总是心太软……"在写这本书时，我突然想起了这句歌词。

接着脑海中闪现出这样一个问题：过去20多年，自己的投资理念所发生的最大变化是什么？

说到变化，其实有很多，但最重要的一点就是从做加法到做减法。

所谓做加法，就是在股票投资的上半场，感觉自己已经大概率具备判断优秀公司的能力，所以特别想把所有的公司都拿来分析一下，生怕错过优秀的标的。

在这样的思想指导下，往往要去覆盖大量公司，战线拉得太长，顾此失彼，结果可想而知。尽管如此，自己也不愿意去删减计划上的名单，因为内心实在承担不住错过好标的这样的诱惑和谴责。

但是等到下半场，心理变得强大了，就不会再因为担心错过而感到莫名其妙的焦虑和烦躁。

到了这个时候，不知不觉当中，自己对于标的选择的门槛已经提得越来越高。有一位私募基金管理人在朋友圈曾经分享过这样一个观点，就是可以把投资者的选股标准想象成一个大学的入学标准。是应该像清华、北大一样把分数线提得足够高，优中选优，还是把门槛降低，雨露均沾？

毫无疑问，投资标的的录取标准和投资业绩高度相关。对于普通投资者来说，自己能够决定的重要选择本来就不多，为什么不善待自己所拥有的每一次选择机会？

对于投资者来说，与其说心太软，不如说没有精简的选择标准。学会放弃，优秀的业绩来自有质量的选择。

咬定青山不放松（以终为始）

有一次，一位朋友需要从北京去深圳参加一个重要会议，当时由于天气影响，导致航班频繁延误和取消，因此他选择了高铁出行。但不巧的是，因为受到突发洪水的影响，他所乘坐的高铁只能在湖北折返。

对于临时出现的变化，他的第一选择是改变行程。他后来告诉我，在知道高铁无法正常抵达的第一时间，火车上立马上演了抢票大战。

因为火车上信号时好时坏，所以我也"应邀"加入抢票大军的行列。但是，随后的进展让人有些沮丧，郑州到广州、深圳，武汉到广州、深圳的直达航班机票已经售罄，只有中转航班可供选择。随着时间的推移，即便是有些中转航班，在第一次刷新时还有票，但是等到再次查看时，已经无票可买，也算真实体会了一次"秒杀"机票的感觉。这说明了什么？人在旅途，如果突遇变化，许多人会第一时间寻求解决方案，确保抵达目的地！

这种超预期的变化与投资何其相似，在投资者追求既定目标的过程中，也会遇到类似列车停运、航班取消等不确定性，包括突发的国内外宏观和行业调整、市场政策变化等等，但是有多少投资者能做到对这样的变化积极应对，争分夺秒制订解决方案，尽力争取达成原有目标？

对于大部分普通投资者来说，如果市场出现剧烈波动，他们反而会对自己的既定目标产生怀疑。这就带给投资者另外一个角度的思考：什么样的标的才值得坚守？那位朋友后来说，高铁列车中途折返，也有部分旅客随车回到北京，这背后或许有多种原因，但是至少表明本次行程对他们来说并非至关重要。

回到投资上来，通过周密研究，科学决策，为自己选择一个可以为之坚守的投资目标，是投资者在遭遇外部变化、在不确定性加剧时，坚持砥砺前行的必要前提。在2008年次贷危机时期，2个月时间内巴菲特账面亏损高达150亿美元。在危机来临，遭遇巨亏之际，投资者没有看到巴菲特改变既定目标，认亏出局，而是咬定青山不放松，越跌越买，甚至有时主动买套等待反弹，最终获利颇丰。

以始为终，您会轻易调整自己的目标吗？

女妖的诱惑

从投资盈亏的根源来说，投资者已经意识到，影响自己业绩的最主要因素，就是根植于每个人内心的人性。人性的劣势投资者既赶不走，也打不赢，这是他们必须面对的事实。

从这个角度不难理解，为什么大部分投资者在热点当中频繁切换，乐此不疲。尽管他们也清楚这样最终将一无所获，但是却很难抑制内心交易的冲动。

行为经济学大师理查德·泰勒曾经引用过一个著名的希腊神话，对于投资者的理性之旅有着极为重要的启示。

相传遥远的海面上有一座石头岛屿，石崖边居住着唱魔歌的海妖塞壬三姐妹。半人半鸟的塞壬姐妹坐在一片花丛里，唱着蛊惑人心的歌，她们甜美的歌声把过往的船只引向该石岛，然后船只撞上礁石，船毁人亡。过往的海员和船只都受到迷惑走向毁灭，无一幸免。

古希腊英雄奥德修斯在特洛伊战争中取胜返航途中，为了对付塞壬姐妹，他采取了谨慎的防备措施。船只还没驶到能听到歌声的地方，奥德修斯就令人把他绑在桅杆上，并吩咐手下用蜡把他们的耳朵塞住。他还告诫他们，通过死亡岛时不要理会他的命令和手势。

不久石岛就进入了他们的视线，奥德修斯听到了一阵迷人的歌声。歌声如此令人神往，他绝望地挣扎着要挣脱束缚，并向手下叫喊着要他们驶向正在花丛里唱歌的海妖姐妹，但没人理会他。海员们驾驶船只一直向前，直到最后再也听不到歌声。

其实这个神话描述的，就是股票市场当中每天都在重复发生的真实场景。

市场的短期波动就像塞壬姐妹美妙的歌声。投资者既想听女妖的歌声，但是又没有做任何防备。既没有给水手的耳朵灌蜡，更没有把自己绑在桅杆上。即使某一次侥幸获益，如果一而再再而三地重复，船毁人亡的结果也只是时间问题。

投资是一门坚持的艺术，如何摆脱短期的诱惑，奥德修斯的自律"姿势"值得借鉴。

前文曾经说过，投资者的姿势很重要。如果从进入这个市场开始，投资者就坚定奉行精选个股的投资策略，在市场的诱惑面前，就不会临时起意，从而避免船毁人亡的风险。

通过观察和跟踪海内外大量的投资案例，有一个简单的原则浮出水面：丰厚的投资盈利主要来自在正确的方向上顽强坚持。这就是投资者必须要把自己绑在桅杆上，这也是应对"女妖"诱惑的有效策略。

写到这里，投资者或许会想到一个熟悉的理论，有异曲同工之妙。巴菲特有一个经典理论叫"二十个打孔位的打孔卡"，意思是投资者要假设一辈子只有二十个投资机会，投完一个在卡上打个孔，这势必让投资者对每一个新的标的全力以赴、深思熟虑，避免无所用心、频繁交易。

只要进入股市，每位投资者都会遇到诱惑自己的"塞壬女妖"，想好怎么应对了吗？

流动性是把双刃剑

经常有人将房产投资和股票投资收益率的巨大差异归结为历史上房价出现的巨大涨幅。

有道理,但不尽然。

在一线城市,所持有的房子涨幅十几倍的朋友比比皆是;但是那些历史上曾经购买过百倍牛股的投资者当中,最终能够赚到十几倍的却凤毛麟角。

为什么?

股票市场的流动性是一把双刃剑。

流动性能够提升市场的估值,但同时也为投资者的随机交易创造了条件。房地产交易的众多环节和收费,导致房地产的流动性明显逊于股票,而这恰恰成为房地产持有者获取巨额收益的一个重要保障。

相比较而言,对于股票投资者来说,一个题材、概念、政策等等都可以引起市场短期的剧烈波动。虽然背后最重要的原因是投资者追涨杀跌的人性本身,但是客观地讲,还有一个重要原因,就是大部分投资者并没有给自己的交易行为设立自律机制,而是任凭交易冲动自由释放。

什么样的机制能够抑制投资者随意交易的冲动?

2008年曾经和巴菲特共进慈善午餐的盖伊·斯皮尔曾设定了一个投资原则,要求进入自己投资组合的公司至少要持有两年以上。

别看这么一个不起眼的规定,一方面可以让子弹多飞一会儿,等待好公司充分沸腾;另一方面,如果是差公司,他认为这样做的结果能够足以让自己引以为戒。

反过来，这样的规定又促使他在将标的纳入组合时慎之又慎。

与此类似，像长期持有者所享有的税收优惠，从成本角度也扮演了制衡机制这样一个角色，在心理层面为投资者提供了一个不做冲动交易的理由。

交易壁垒的存在会督促投资者重新考虑和论证进行交易的必要性。毫无疑问，那种临时起意的交易冲动，相对较高的时间和成本壁垒可以将其抑制住，而投资者平时绝大多数的短期交易应该都属于此类情况。其实，对于那些投资者精挑细选出来的、值得长期拥有的优质公司，很多时候，克制冲动只是在一念之间。

虽然机制会抑制交易冲动，但并不会改变交易的方向。在交易意愿面前，任何关于交易成本的讨论都已经显得非常苍白，交易注定还是会发生，只是多增加了一个理性思考的过程。

任　性

任性，如果仅仅是一个人的性格，我们不予置评；但如果是一位投资者的投资风格，那么往往会造成悲剧。

我曾经和某位机构投资者交流，他感慨地提到当年在权证市场上，经常出现这样的景象：已经毫无价值的认沽权证，在最后交易日，依然有几亿元资金没有平仓。这也就意味着一天之后这些资金将灰飞烟灭，完全归零。这种没有任何悬念的价值毁灭，让他纳闷其中的投资者究竟有怎样的初衷？

这让我想到了多年以前同事采访的一位江苏投资者，就是被卷进了末日权证的旋涡。他受到当时交投气氛的影响，买入了当时价格最便宜的一只"股票"，价格只有几毛钱。但不幸的是，从买入之后第二天开始，这只"股票"就再也没有交易过，他买入的就是一只认沽权证，而且第二天就停止了交易。这就像不仅搭错了车，而且在到达终点之前还没有下车机会。

这种因为搭错车导致资产瞬间蒸发的惨痛教训并非个案，曾经在基金市场上也出现过大规模连续暴跌的惨痛案例。根据分级基金的交易规则，在遇到市场大幅下挫时，B级基金份额会出现资产大幅下折的情况，表现在基金价格上，会出现几个连续跌停。由于分级基金规模最大时接近千亿元，即使在市场下跌、基金资产出现下折时，B级基金的规模也有数百亿元之巨。令人叹息的是，其中绝大多数人对分级基金缺乏真正了解，因此蒙受了巨大损失。偌大的投资者群体出现了集体搭错车的低级错误，惨痛教训值得警醒。

从2017年7月1日开始，《证券期货投资者适当性管理办法》正式实施，该办法明确，证券期货经营机构应当对销售的产品或者提供的服务划分风险等级，还应当根据产品或者服务的不同风险等级，对其适合销售产品或者提供服务的投资者类型做出判断。

说得通俗一点，就像人们乘坐火车时，需要先经过检票口，核对一下你所乘坐的车次和要去的地方是否一致。适当性管理办法就是提醒投资者，他要投资的标的有没有超出他的风险承受能力。

做好适当性管理很重要，但也仅仅是投资者进入资本市场的开始，接下来如何提升盈利水平才是制约大部分人成长的关键。从这个层面上来讲，投资者同样需要避免搭错车，识别"伪成长"和"伪价值"。

情绪的力量

在证券市场上，关于价格和价值的关系，曾经有过一个形象的比喻：股价就像用绳子拴在树上的狗，而树就是公司的价值。价格一直围绕价值波动，时近时远，决定这个远近的其实就是市场的情绪。

情绪的特点是非理性，但是往往又披着理性的外衣，所以有很大的欺骗性和诱惑性。

在2018年初，有一条新闻被广泛转发，就是一家大型石化公司（以下简称S公司）2017年天然气产量创出了历史新高，再结合前期节节攀升的液化天然气价格以及连创新高的国际油价，这条消息迅速发酵，成为当时非常应景的一条新闻。

消息往往是情绪的催化剂，再加上前夜国际油价再创新高，各种消息夹杂着情绪在第二天开盘释放出来，像S公司这样一家当时市场中的"巨无霸"公司，集合竞价高开2.4%，盘中最大涨幅达到5%，这还是在前期6个交易日累积涨幅超过15%的基础上出现的，这也助推公司股价再度刷新了两年半以来的新高。正是由于市场情绪能量巨大，所以我想借这个案例来说说情绪的力量。

我当时非常好奇：在受消息驱动买入S公司股票的投资者当中，有多少人认真看过公司的报表，了解过公司的业务构成当中，天然气占据多大的比重？即使S公司的天然气产量创历史新高，这能够给公司带来怎样的影响？

在当时 S 公司的财报当中，投资者可以看到和天然气有关的两类产品：天然气和 LNG，也就是液化天然气。由于产量和销售价格都有披露，所以不难得出天然气业务在总收入中的占比不足 2%。从利润贡献角度来讲，这个比例基本可以忽略。

但是从市场情绪角度来讲，天然气这一元素却被放得很大。最终情绪和理性之间的差额只能交给市场和时间进行消化。

需要强调的是，分析 S 公司的案例，并不是否定 S 公司的投资价值，在当时原油价格上涨的背景下，S 公司当然有其价值所在，但是像在天然气消息刺激下的情绪释放确实师出无名。

情绪的特征是有逻辑，但不精确。也就是说只对利好利空以及利好利空的大致程度做一个判断，但是没有清晰的刻度，所以大概率会导致矫枉过正。

当然，市场情绪就是这么任性，并不需要多么严谨的逻辑作为支撑。在市场热衷的题材概念，或者说风口的背后，投资者总能看到情绪的影子。

市场的情绪可以为投资者所用，但是不能被其驱使。当市场情绪占主导时，投资者是否清楚，拴绳子的那棵树离狗正越来越远？

第五章 持续学习

本来这一章内容的主题是基本面研究，后来经过思考，感觉调整为"持续学习"更加准确。因为基本面研究包括两个部分：一方面，因为价值投资者的风格是基本面驱动，投资者需要持续提升基于基本面的研究和决策能力；另一方面，上市公司是基本面研究的对象，而对上市公司具有决定性影响的是它的创始人和管理团队，持续学习是他们不断提升公司战略水平和管理能力的主要路径。

因为上述基本面研究的主要内容都和持续学习有关，而且持续学习本身就是个人成长的主旋律，所以将这部分的主题调整为持续学习，不过其中依然包括了部分基本面研究的思考。

关于投资者个人和上市公司管理层双方的持续学习，是一个相辅相成的过程。通过持续学习，一方面，投资者才能跟上优秀上市公司的发展步伐；另一方面，投资者也才能提出更有挑战的问题和建议，与上市公司共同成长。对于上市公司的管理层来说，持续学习既是公司发展的需要，同时也能够吸引更多与时俱进的投资者关注公司发展，形成良性循环。

走在行情的前面

很多投资者都经历了从关注题材到关注公司再到关注创始人的过程，那么关注创始人为什么如此重要？

我优先关注的公司往往具备这样一些特征：创始人在 40 岁左右；已经获得了市场验证的巨大成功；有极强的持续学习能力；务实低调；所选的赛道暂时看不到天花板；有强大的组织体系和执行能力等。

其中创始人是关注的核心。对于他的了解一般通过这样的方式开始：大量下载与他相关的优质深度文章，至少上百万字，快速阅读，作为初筛，其中重要的文章再反复阅读，然后根据阅读中发掘的信息，确定下一步重点关注的具体方向。

一般来说，大概在读完三分之一的优质深度文章之后，就会有两个变化：一是会改变此前对这家公司的认知，尽管自己以前觉得对这家公司也算"熟悉"，但是随机的碎片信息和系统性的学习带来的改变不可同日而语；二是已经可以初步判断这家公司是不是自己的菜，剩下的工作就是来验证或者细化此前的判断。

投资者在研究当中往往过度强调量化数据或者细节，而忽略了对一家公司的最顶层判断。其实投资者所看到的数据只不过是通过后视镜观察这家公司所得到的，是滞后的，而且有可能掺水或经过粉饰。但是一家公司的风格或者文化，究其根本是创始人价值取向的反映，对投资者的战略决策更有帮助。了解创始人，一个很重要的意义就是在公司偏离了正常发展方向时，你可以做一个基本判断：是弹簧压到底了，还是说将出现趋势性转弱？这是一个非常本质性的判断。

在投资当中经常遇到这样的场景：投资者下了很大功夫对一家公司做出了判断，而且下了重注，但事与愿违，公司的运营结果和预期出现了很大偏差。那么针对这个偏差，可以从两个角度去解读：如果偏差是一过性的，投资者仍坚信最初的判断，那么这是一个非常好的机会，给了投资者第二次下注的机会；如果这个偏差是一种趋势性的改变，意味着最初的判断出现了问题，那么这个时候尽管股价已经出现了大幅回撤，投资者还是需要壮士断腕。

我对目标公司创始人的深度了解既是出于好奇，也是为了在公司遭遇极端状况时，对他的选择有一个基本预判。应该买还是卖，这是投资当中的一个基本问题，但是在公司遭遇极端状况时，这样的一个清晰判断对于投资者来说极为重要，里外里的差距非常巨大。

对于创始人的深度了解，希望能帮助投资者走在行情的前面。

持续学习，持续进化

继续聚焦公司和创始人，观察持续学习在其中起着怎样的作用。

大部分投资者喜欢选择成长，但是具体到一家公司内部，成长意味着什么？投资者通过什么角度去观察和判断成长？

关注一家企业成长性的核心是，关注它通过持续学习带来的进化能力。

所谓进化，是指生物由简单到复杂、由低级到高级、种类由少到多的逐渐发展变化。一家企业的进化能力是指具备由小到大、由弱到强这样一种在行业内竞争优势持续提升的能力。

理解进化，投资者首先需要区分进化和迭代之间的关系。任何方向的持续优化都可以称为迭代，而我只把战略方向上的迭代称为进化。

下面讲一个简单的例子。关于农业进步，人们经常说要精耕细作，以及通过机械化生产不断提高生产效率等等。毫无疑问，这些要素对于增产增收非常关键，但是这只是一种迭代，这些要素并不具备前文所说的进化意义。从长期来看，以对产量的贡献程度衡量，以育种为主的农业生物科技才是最主要的进化方向，也对应着最广阔的想象空间。

类似的例子还有很多，对于手机企业来讲，不断提升通话质量是迭代，而提升用户的沟通质量是进化；对于汽车企业来说，不断提升节油效率是迭代，而不断提升用户的出行体验是进化。

进化不仅需要企业在战略方向上持续优化，还需要关注进化的外部空间。这个空间既包括在细分行业内继续提升的纵向空间，也包括向其他品类跨界扩展的横向空间。

有一家在香港上市的国内知名连锁餐饮企业，从它创立之后到疫情之前，一直处在持续快速扩张当中，它的管理有口皆碑，成为很多MBA教学的经典案例，排队就餐等位一小时是常态。但是最近几年，企业收入和净利润的增长明显放缓，同时企业股价和高峰时期相比已经跌去了八成以上。

是企业的经营出了问题吗？曾经有口皆碑的服务品质已经不在了吗？从近期的体验来看，餐食的味道和以往并没有什么差别，餐厅的服务依然可圈可点。在熙熙攘攘的人流当中，找不到企业收入停滞不前的明显解释。

后来我一直在思考这家企业所遭遇的变化。企业的服务水平不能说不高，甚至可以说已经处在国内餐厅管理的顶级水平。但是我曾经写过一篇文章叫《投资稀缺》，就是说稀缺并不是一成不变的，一个行业内的竞争格局也在不断变化。对于餐饮全行业而言，管理水平和服务意识一直在持续提升，如果一家曾经的龙头企业，虽然自己仍然非常优秀，但是服务水平和其他企业之间的差距在不断缩小，那么它的稀缺性将会受到挑战。

从企业内部来讲，服务水平接近极致，进化空间越来越小。同时从企业外部来讲，在供给侧，新的餐饮企业不断涌现，为消费者提供了越来越多的选择；而在需求侧，情况就更为复杂：一方面，消费者喜欢的口味会不会物极必反，长期来看呈现抛物线的走势？另一方面，餐饮究竟是一种物质消费，还是一种精神消费？一家传统的餐厅又应该如何用老产品和老风格去迎合Z时代的消费者？

说到这里，投资者是不是要重新思考：从需求侧来讲，服务质量的持续提升是迭代，还是企业的进化？即便是企业的进化，也会有边界的约束。当进化遭遇瓶颈时，可能会出现第二曲线，但是原来的线性发展趋势必然会被打破。

从励志的角度，虽然投资者常说，只有夕阳的企业，没有夕阳的行业。但是对于投资而言，夕阳行业并不少见。一般而言，传统行业的进化空间相对有限，投资最大的红利还是要面向未来。

当投资者预判一家企业的进化能力将遭遇瓶颈时，尽管目前企业的收入还在增长，但其未来的成长性将不可避免地遭遇挑战。

那么更进一步去思考，是什么因素在决定着企业的进化能力呢？至少包括两个方面：创始人和组织形式。

首先说创始人。最近和一家万亿元市值公司的高管聊天，他非常感慨地讲，所有公司都可以分为两类：创始人还在和创始人不在。由此可以反映出在他心目当中，创始人对一家公司的影响是 0 和 1 的关系。

企业进化需要动力，那么终极动力从何而来？这个问题我思考了很久，也没有找到一个一劳永逸的答案，目前的理解是企业的进化动力取决于创始人的认知，而认知的变化来源于他的持续学习能力。如果再深入一点，背后是强烈的好奇心。

从这个角度来讲，如果有的创始人虽然只有 40 岁，但是对于商业世界已经不再兴奋和好奇，那么这家企业的进化大概率就已经结束；其实，不管是对于企业的创始人还是投资者，强烈的好奇心始终都是衡量他们进化状态的一个重要指标。

一般来说，当投资者研究一家公司时，习惯于重点关注它的主营业务、主要产品的竞争力以及市场空间等因素。但是如果投资者按照这样的流程去分析早年的华为，当时华为的主要产品是程控交换机，投资者得出的结论一定中规中矩。从事后来看，循规蹈矩的分析一定没有抓住重点。重点是什么？是创始人、经营团队以及激励机制，也就是说，如果从经营当中关注华为的进化能力，或许可以看到未来的影子。

美国传奇 CEO 杰克·韦尔奇在执掌通用电气期间，公司市值从 120 亿美元增长到 4 100 亿美元，成为当时全球市值最高的公司之一，但是在 2000 年韦尔奇退休之后的二十年间，通用电气风光不再，处在持续调整当中，最大跌幅超过 70%，直到 2022 年才开始重拾升势。投资者曾经看到很多关于韦尔奇的传奇报道，那么他究竟给通用电气带来了什么？究其实质，应该是进化能力。

同样，巴菲特和芒格从价值股向成长股的转变，本身也是一种进化。

接下来关注组织形式，就是一家公司如何将员工组织在一起达成经营目标。组织形式的进化有利于企业执行力的持续提升。

孩子在学校运动会有一个比赛项目叫毛毛虫，就是十名参赛队员先将左脚固定在一块长条木板上，然后再把右脚同样固定住，哨声响起，十名队员同时快速移动。很显然，这项比赛的关注点就是哪支队伍配合最默契，最能实现整齐划一的前进。

不管是以提升效率闻名的OKR工作方法，还是飞书等工具，和毛毛虫游戏所倡导的核心理念一样，都是让整个团队聚焦统一的目标，持续学习，提高效率。

根据我个人的理解，目前来看最有竞争力的进化形式就是组织形式的进化。相对于细分的产品、服务等方面显而易见的天花板而言，组织形式的进化，至少相对于目前大部分中国企业来讲，天花板还非常遥远。

当投资者分析一家公司时，如果仅仅停留在产品层面，会一叶障目，需要看到产品背后有没有持续进化的组织形式作为支持。这是给予高估值的重要依据。

一家企业的进化必然会体现为估值的进化，我喜欢把估值溢价给予企业的进化能力。

寻找有刻度的标的

关于投资者的持续学习，主要包括两个方面：一个方面是学习理念，提升自己对于投资的认知；另一个方面是持续研究具体的投资标的。

很多投资者对于那些自己专注研究的公司，因为跟踪时间很长，对于公司的产品供求、盈利模式以及内部的组织架构等因素比较了解，如果有和公司相关的突发新闻等催化剂出现，投资者能够较为精确地及时定位本次事件的影响，比如长期利好但是短期利空，或者短期利好但是长期利空，长短期都是利好……同时也能够较为精确地界定本次事件给公司市值所带来的冲击。像这种投资者极为熟悉的公司就可以被称为具有精确刻度的公司。

与上述情况相反，大部分时候投资者因为题材、概念等原因随机买入股票，只是觉得利好来时会大概率上涨。至于上涨之前估值是否合理、上涨之后何去何从都是一头雾水，投资者美其名曰模糊的正确，那么精确的刻度也就无从谈起。对于这样的公司，跟着感觉走是大概率事件。

有人说在一轮行情当中，只要能实现盈利就可以，不需要搞那么清楚，模糊的正确是不是可能更好？跟着感觉走也可能会盈利，但不是系统性盈利机会。

举个例子。大部分开车的朋友都有过轮胎蹭到路沿石上的经历，如果说后轮还可以借助后视镜辅助观察，那么前轮则完全是凭感觉"盲开"。针对这个痛点，有的汽车上增加了一种轮毂模式，就是借助摄像头可以将轮胎和路沿石的实景显示在车内屏幕上。借助这个系统，开车蹭到路沿石上的情况会明显减少，这就是系统性的保障，而不仅仅停留在感觉和经验之上。

此外，为了方便在拥挤的路况下行驶，系统性的保障并不仅仅停留在可视化，而是可以精确显示车辆和附近障碍物之间的距离数字，精确到厘米。因为有刻度，可以极大地缓解焦虑，提升安全性。

作为一名有着 20 多年驾龄的老司机，我很清楚很多时候驾驶当中都是凭感觉行事，手里捏着一把汗。其实这个时候如果有清晰的刻度支持，肯定会显著提升决策质量。

同样，如果是一个刻度清晰的投资标的，投资者能够精确地定义它目前是高估还是低估，甚至说高估多少、低估多少，这对于投资会有清晰的指导意义。当市场因为消息影响处在过激状态当中时，投资者能够很好地据此调整自己的投资行为。

市场最大的魅力就是处在持续变化当中，投资者在变化中会遇到各种各样的场景，其中总有一种场景会把模糊和精确两种投资行为区分开来。也就是说，总有那么一种场景，投资者对于刻度清晰的投资标的可以精准决策，而对于模糊投资大概率会出现错判。就像总有一种复杂路况，会让老司机的经验遇到挑战。

如前所述，投资并不是交易，而是进行判断，有质量的判断一定建立在对于投资标的的清晰认知的基础上，这也是投资最主要的工作。

简而言之，通过持续学习，深入了解所投资的标的，投资者会享受到很多意想不到的福利。

投资收益为何相差万倍

投资者在市场中的收益差距巨大。有朋友投资腾讯，持有 11 年获得了 300 倍的收益；但同时周围的很多朋友，短线投资中尽管只有几个点的收益，也会急于获利离场。

不管是一次投资，还是在市场中频繁交易十年，相信微利甚至亏损的投资者大有人在。如果按照 3% 来计算，和上面 300 倍的收益相比，差距就达到了万倍。

之所以在这里突出万倍收益这个差距，是希望强调这样一个事实：同一位投资者自选股里的两家公司，在同样的投资模式下，收益相差万倍的概率并不大；但是不同投资者之间，假以时日，收益相差万倍并不少见，这还是仅就双方收益为正的情况进行的比较。

应该从什么角度观察这相差万倍的差距呢？实事求是的投资者一定不能回避这样的问题：自己能承受的最大市场波动是多少？是 3%、30%、3 倍还是 30 倍？很显然，投资增值所面对的主要问题并不仅仅是投资标的的优劣，还在于投资者是否为投资标的留出了足够的上升空间。当然，更重要的是，什么原因导致投资者为投资标的预留了不同的空间？

投资者在盈利方面的差距，根本的问题并不在于标的，而是在于人本身。

如何选股只是关乎效率提升，而当投资者后退一步，则有助于看清楚自己遵循的理念和逻辑是否通向光明。频繁交易的投资者是亲手扼杀了自己长线盈利的机会。

其实不管学历还是经验、机构还是散户，过去并不重要，未来的认知变化才极为重要。

这位取得 300 倍收益的投资者表示，他对于新事物一直保持着强烈的好奇心和持续学习能力。任何一个人止步学习，都意味着未来收益曲线将出现回落。特别是在一个日新月异的时代，如果投资者心中对未来充满憧憬，期待不断提高收益，就一定要开启自己的持续学习之路。

认知的困境

说到投资的主角，投资者首先想到的就是标的。

根据估值和成长性之间的匹配关系，可以构建四个象限，投资者在股票投资当中遇到的任何标的，都会在其中找到唯一对应的位置。

所有的标的可以分为四类：A类（高估值高成长）、B类（高估值低成长）、C类（低估值高成长）和D类（低估值低成长）。您手上目前持有的标的属于其中哪一种情况？

毫无疑问，C类是其中最好的选择，但是回顾投资者的投资经历，C类往往可遇不可求。当高成长低估值的机会出现时，市场大概率处于极端低迷时刻，投资者往往既没有心情关注，也没有资金买入。

B类是高估值低成长，当然也包括零成长和负成长。大部分投资者选择它们，要么是因为市场处于狂热状态，鸡犬升天；要么是出于对困境反转的期待。不管是哪种情景，都蕴含着极大的不确定性。一家公司的困境主要来自管理层的认知困境，那么认知的反转谈何容易？

不仅对于低成长的公司，长期以来，对于像黄金之类的投资品，尽管是所谓的硬通货，但仅仅是被动波动，根据沃顿商学院西格尔教授关于财富增长的长期统计，相对于长期股权投资，黄金的价值增值基本可以忽略。

剩下的 A 类高估值高成长和 D 类低估值低成长，哪一类是更好的选择呢？

需要具体问题具体分析。如果从长期来看，D 类没有什么成长价值，A 类的问题是需要时间来克服阶段性的高估；如果从短期来讲，当市场处于阶段性的顶部时，A 类标的面临着较大的估值风险，而低成长低估值的公司因为长期滞胀，在市场波动加剧时可能会有相对较好的表现。

其实在上面比较的过程中，投资者最关注的核心因素，也是最大的难点，就是对于上市公司长期成长性的判断。之所以考虑估值的因素，我个人理解是弥补投资者可能在成长性判断上的短板。也就是说，当投资者对于成长的把握信心不足时，通过比较低的估值，可以降低选择的风险。

市场中的好标的自然价格不菲，所以 C 类机会总是非常稀缺。这样投资者必然要面对两难的选择：要么是等待 C 类机会的出现，要么是退而求其次，在 A 类机会和 D 类机会之间进行选择。

虽然从创始人和企业本身来说，A 和 C 两类企业都具有优秀的持续成长基因，都非常稀缺，但是对于二级市场投资者来说，因为估值不同，导致了他们之间的显著差别。

在正常的市场环境中，机构投资者往往都是在 A 类和 D 类之间进行选择，而和 C 类往往都是不期而至的"遭遇战"，并没有把 C 类提升为一个必选的战略目标。

向来是物以稀为贵，稀缺为投资者创造了价值，而不是使其陷入平庸的选择当中。另外，估值高低，一方面和股价相关，另一方面也和企业自身的竞争优势相关。在股价短期难以明显变化的情况下,投资者如果能够通过持续学习提升自己的判断力,对企业的持续盈利能力有新的认识,进而把握更多更好的成长机会,也是获取C类机会的另一个途径。长期业绩优异的投资者,其持续学习能力和他们的业绩同样卓越。

也就是说,要么投资者态度端正,具备等待的耐心和信心;要么投资者持续学习和研究能力突出,具备千里挑一的能力,都可以获得投资C类标的的机会。

磨 刀

投资者都喜欢讨论牛市,因为牛市是给所有多头参与者的一个集体福利。但是盈亏同源,牛市也是一把双刃剑,不能因为牛市来了就放弃本来坚守的一些原则,通过牺牲资产质量来获取短期的增长。

牛市是预期,而投资者的持仓和交易策略是现实。虽然说投资者生活在预期当中,但是风险和收益却是来自现实的持仓。因为市场的不确定性随时存在,就像彼得·林奇所说,感觉每一个明天市场都会发生崩盘,投资者所能做的,是在一个不确定的状态中寻找最大的确定性。

大家都有这样的感受:乘坐飞机出行时,在飞机起飞的那一刹那,每一位乘客对于自己的安危已经无能为力。但是在乘坐飞机之前,每一位乘客却都可以做很多选择。在电影《雨人》当中,霍夫曼饰演的男主角虽然智障,但是对于全球各航空公司的故障率了如指掌，并且据此来选乘航班。除此以外，天气情况、飞机的机型和飞行里程等等因素，对旅客的选择往往也具有重要影响。

飞机起飞前有很多选择，但是飞机起飞后别无选择。这一点和投资者在选择股票时非常类似。

看看最近几年从市场退市、"坠毁"的那些上市公司，每家的股东名单当中少则几万个，多则十几万、几十万人。是这么多人都不够聪明吗？其实不是，在投资实践当中，一旦做出选择，大部分投资者除了跟随之外，往往别无选择，尤其是在被套牢的情况下。

大部分时候，投资者都显著高估了自己在变化面前的行为能力。

投资最讲究实事求是，为了避免悲剧发生，投资者只能通过持续学习不断提升自己在事前的判断和选择能力。

中国有一句古谚叫磨刀不误砍柴工，但真正做到的人并不多。一般情况都是"拎着刀"直接冲出去了，争分夺秒，心里想的是早一点出发就多一点儿收获。

和磨刀类似，大部分投资者往往把注意力放在关注增量上而忽略了存量的优化。细想起来，这其实就是磨刀和砍柴的关系。

"熟读唐诗三百首，不会作诗也会吟"。熟能生巧，这是一个思维训练的过程。磨刀，是投资者选择让自己的潜意识被什么理念主导的训练过程。

通过大量的投资访谈，这其中既包括机构，也包括个人，我发现投资中的很多问题都和"刀"有关：一方面，刀不够锋利，从来就没能磨到最佳状态，同时日常也没有进行必要的维护，没有善待它；另一方面是没有掌握出刀的时机。

投资者进行大量学习和思考，一方面是不断优化自己的投资策略和理念，让投资的刀更加锋利，这是能力的培养；另一方面也需要等待最适合的机会，这磨炼的是耐心，等待好公司成为好股票。

对于每一把刀来说，总有最适合它的使命，需要等待最确定的时机出现。从某种意义上来说，最有把握的时机会成就最为锋利的刀。

巴菲特经常引用传奇棒球击球手泰德·威廉斯的一句话："要做一个好的击球手，你必须有好球可打。"他曾经在买入一家公司之前等待了十年时间。十年磨一剑的人，当机会出现时，相信已经充分确认过眼神。

"宝剑锋从磨砺出，梅花香自苦寒来"。绝大多数成功投资者身上都能看到这样的印记。

曾经有一位优秀的机构投资者告诉我，他是经过十年时间才完善了自己的投资体系。想想当年的追涨杀跌，现在都非常后怕。

简而言之，他现在的投资策略是在控制风险的前提下，追求收益的持续增长。这样自己和客户都没有太大压力，能够享受到投资的幸福感。

还有一个很奇怪的现象，投资者往往对短期收益的高低过于关注，非常焦虑；但是对于决定自己长期幸福的长期收益却很少讨论，最终的答案只能回到人性的层面。

正视不确定性风险，投资者会磨出更锋利的刀。

做好自己

每到冬天，我总会想起多年前一个寒冷的清晨。

那一天，在我启动汽车的那一刻，车上的气温显示为零下5度。送完孩子上学，我开着车慢慢前行，突然，有人撞到我车的右侧，然后摔倒在地上。我马上下车，看到有位骑电动车的中年女士倒在地上，位于我和一辆公共汽车之间。我马上俯身去搀扶她，但是她和我说："和你没有关系。"我抬头看了一眼公交车司机，他没有下车的意思。我把那位女士扶起来，搀扶到路边，还把她的电动车也推了过来。就在这个过程当中，那辆大公交车已经加油驶过去了。

那位女士姓王，她告诉我当时她行驶到和公共汽车并排时，原本停靠在路边的公共汽车突然驶出，她因为紧急躲避，撞到了我的车上，在场的旁观者也证实了她的说法。她抚摸着摔痛的胳膊，戴上摔坏的眼镜，记下了公交车的车牌，说回头会讨个说法。天气很冷，王女士穿着厚厚的棉服，戴着口罩，我甚至看不清她的相貌。

我取了些随身的零钱递给王女士，从她的眼神当中，可以看出她有些犹豫。我说这是我的一点心意，希望对她有所帮助，修一下眼镜，或者做个简单的身体检查。

和王女士道别之后，想起刚刚发生的一幕，我还是有些感慨。估计在事故现场的旁观者，甚至包括王女士在内，都不明白我为什么要替别人背锅，或许在他们眼中，我就像一个傻子。但是我所关心的是，在这样一个突发事件当中，作为一个当事者，除了冷漠地回避，我还能做些什么？

在有人撞上我车的瞬间，我脑海中闪过两个念头：一个是赶紧下车查看伤者，另一个是争取尽快把车从主路移开。事后来看，我这样做既避免了一次本来会发生在早高峰时期的严重拥堵，也尽我所能让受害者在寒冬中感受到了一点人情温暖。这样做对别人可能并不重要，但是对我很重要，是我要坚持的原则。如果再做一次选择，我还会这样去做。这样说来多少有些"自私"，因为相对于别人怎么看，我最在乎的还是坚持自己的原则。

这似乎回到了一个本源问题，不仅在生活当中，而且在资本市场上，这样的纠结也困扰着大多数投资者：是更在乎别人的眼光，还是更在乎自己的坚持？

在资本市场上，经常会出现这样的场景：当市场的主流在狂热地追逐一种概念、一种风格时，却总有人反其道而行之，寻找那些被冷落的资产。这和市场的主流格格不入，但恰恰正是这种逆向投资的风格，造就了一代又一代的投资大师。

所有投资者对市场的认识和操作汇聚到一起，就形成了市场的指数，其实质是投资者情绪的画像。所以指数只是一个时代资本市场的背景，而不是主角，投资者也就没有必要总是为指数的波动大惊小怪。如果一名投资者能够不为外部环境所动，通过持续学习提高自己，不断迭代和优化投资策略，坚持几年、十年，甚至几十年，其中所蕴藏的价值无可估量。

俯视思维

持续学习带来的快乐是，经常会有一些让人惊喜的收获，在本章最后，分享一个我在学习中收获并经常使用的思维方式。

先来看一个例子，如果人们在一个陌生的城市开车，导航显示在前方红绿灯右转，但对于右转之后所要面对的路况和街景，人们一无所知，这就是人们在一个二维的平面世界中的真实感受：只能接受和反馈二维世界的信息。但是对于在这个城市已经生活了几十年的本地人来说，前方红绿灯右转之后的情景早已经深深地印在脑海当中，在他们面前，就像人们在导航中的视角一样，看到的是一个俯视图，不过真实场景要远比导航丰富。那么对于当地人来说，他们脑海中的城市就是一个三维世界，可以看到陌生人眼中看不到的场景。

我把具备俯瞰的这种能力和平视之间的区别，看作是二维和三维的区别。如果投资者具有了这种三维的识别能力，对于二维来说就是降维打击；反过来，从二维到三维，就是一种升维的跨越。

那么在投资市场上，二维和三维对应的是什么情景呢？对于进行二维思考的投资者来说，遇到熊市，很多非常优质的公司跌跌不休，会非常烦闷，甚至恐慌，就像前面红绿灯右转之后，不知道接下来将出现什么情况；但是如果上升到三维的思维方式，投资者因为对公司和行业基本面有深入研究，因此了解目前处在发展过程中的什么阶段，也知道前方转弯之后会面临什么场景。就像前文所说，从长期来看，基本面可以解释股价走势的主要逻辑。在上述基础上，投资者就可以用俯瞰的视角来看待一家公司，面前呈现的是一个三维世界。

很多情况下，投资者倒在黎明前的黑暗当中，是因为没法超越平面的局限，看不到将要迎来的转机。但是从三维的角度去俯瞰，胜利已经近在咫尺。

从某种意义上来说，投资者的持续学习和进化，就是实现从二维向三维，甚至四维的迁徙。

第六章 聚焦

本书所讲的"聚焦",通俗地讲,就是"集中精力打歼灭战"。具体而言,首先,将有限的资源(包括人财物、时间以及注意力等)集中起来,寻求单点突破,解决主要矛盾;其次,在投资上对于低估值的高成长标的要敢于下重注,集中投资。研究上的聚焦和投资上的集中相辅相成。

专注思考

偏执是对自我的救赎

看到这个标题,相信大家会想到英特尔创始人安迪·格鲁夫所写的畅销书《只有偏执狂才能生存》。在网上搜索查到的偏执的基本含义是固执己见,而此处要讲的偏执,则是尤其强调专注于以积极的心态追求极致。

之所以想到这个话题,源于最近的切身经历。我有一位亲戚因为重病来京,在他等待医院检查结果期间,我去探望时注意到,患者和家属只是在等待这家医院和医生宣布结果,除此以外无能为力。

来北京看病，感觉形式上的交代多过实质上的需求。

类似的感觉在不同场景当中多年来我有过多次，相信这也代表了很大一部分人的状态。

上述状态并非在遇到困难时才呈现出来，而是过去十年，甚至几十年一个人生活状态的延续。在交流的过程当中，我尝试着推动他们去多角度积极寻求解决方案，但是收效甚微。点到即止、随遇而安等畏难情绪，限制了人们对于美好前景的想象空间。

多年之前，我父亲也是因患重病来到北京，寻求手术解决方案。父亲的病情对我来说无异于一场遭遇战，不仅是在一个完全陌生的领域，而且要马上行动，务求必胜。我一方面在网上大量搜集资料，另一方面近乎偏执地先后排队挂号找到该领域的多位专家就诊。所谓久病成医，综合父亲的病情与所有专家的意见，一个多月之后，我已经可以很熟练地和业内专家交流，一起确定最终手术方案。结果很幸运，手术比较顺利。

已经尘封的往事，因为最近的经历让我又回想起来。偏执，往小里说是一种生活态度，往大里说却可以实现对自我的救赎。没有人希望遭遇危机，但是人们又无法选择生活的境遇，能够选择的，是面对问题时的处事态度。

投资者日常的习惯和状态，决定了当危机来临时，投资者将做出怎样的应对。

投资的态度

和朋友的一次交流中，我想到了投资宽度和深度的问题。

所谓宽度，一个直接的衡量指标就是投资者自选股的家数。A股有超过5 000家上市公司，这构成了投资宽度的基础。任何一个标的，理论上都可以被纳入投资者的自选股。有人关注的公司只有寥寥数家，也有投资者的自选股堪比中证500，投资者对于自己和市场的认知不同，决定了投资的宽度大不相同。

但是仅就宽度而言，很难简单定义它本身是优是劣，还要结合深度来进行综合评估。所谓深度，就是投资者对一家公司研究分析的深入程度。投资深度会受到很多因素的影响，包括投资者投入的时间、经验、分析能力以及团队规模等等。

根据投资的宽度和深度，会得到四种组合关系，分别是高宽度高深度、高宽度低深度、低宽度高深度，还有低宽度低深度。

根据A股市场的实际情况，在低深度的这两个组合中，聚集了大量的普通投资者。如果投资者比较勤奋，对应的是高宽度低深度；如果不够勤奋，就是低宽度低深度，相信全市场90%以上的投资者会聚集在这两个组合当中。

有朋友可能会问：勤奋的投资者对应的为什么不是低宽度高深度呢？一方面是我接触的大部分普通投资者热衷于追逐更多公司，而不是将时间用于把一家公司研究透彻；另一方面，深度研究除了需要具备学习能力，也非常枯燥，需要极大的耐心和坚持，普通投资者往往不得其法。

相对而言，专业投资者会集中在高深度的两个组合。先来说低宽度高深度，很容易理解，投资者受到时间、精力以及研究能力等因素的约束，主动放弃研究的宽度，收缩战线，将主要精力用于拓展研究的深度，投资者所熟知的巴菲特就是这种风格。如果投资者把研究的宽度和深度的乘积看作一位投资者的研究投入，在宽度收窄的情况下，就具备了深度研究的条件。之所以说具备条件，是因为有时间和精力并不意味着就可以加深研究，还取决于投资者的研究意愿和研究能力。

而对于高宽度高深度这个组合，对于绝大部分投资者而言可遇不可求，仅限于具有雄厚研究实力的大型机构，典型代表是富达基金的彼得·林奇。他管理的麦哲伦基金13年收益率高达29倍，但是在辉煌的背后，高宽度高深度模式会带来对投资者精力的巨大消耗，导致长期难以为继。林奇13年间买过15 000多只股票，但是在46岁时早早退休。

那么如果有投资者希望放弃宽度、增加深度，具体应该如何取舍呢？关于深度研究，不同的投资者会有不同的路径，但是条条大路通罗马，最终的目的都是希望能够预判投资标的未来的经营前景。而基于不同的投资策略和交易模式，投资者深度研究的精度也有所不同。

具体而言，我个人遵循的深度研究路径会分为以下几个层面：首先是财务分析，这是一个静态分析，是对过去经营成果的简单归纳，优点是客观准确，缺点是对未来的参考价值有限。下一个层面是竞争力分析，具体可以参考"五力"分析方法，在下一小节中会有具体介绍。从逻辑上来说，"五力"分析是未来财务数据变化背后的决定因素。类似"五力"这样的分析方法众所周知，但为什么少数企业贯彻执行得很到位，而大部分企业却有很大差距？这就涉及更深层面的一个因素，就是一家企业的组织体系和激励机制，这决定着一家企业是否有能力和意愿去让使命必达。再深一个层面是：

是什么因素决定着一家企业的组织体系和激励机制呢？在我目前的认知范围内，是企业的创始人或者说实际控制人。我认识一家民营企业的实际控制人，他经常挂在嘴边的一句话就是"财聚人散，财散人聚"，通过不断实施股权激励，他稀释了自己的股权，企业保持了持续增长。

但是到了创始人这个层面，也就到了深度研究按照逻辑推进的极限。怎么理解呢？因为一家企业创始人的好奇心和认知水平是无法按照逻辑去进行分析和判断的，但是投资者可以寻找符合自己认知的创始人。所以，选企业就是选创始人是有着深刻原因的。在本书第五章"走在行情的前面"一节中，也有关于选择创始人的具体分析。

如果讨论到这里就结束，好像还有点意犹未尽。因为在投资者的潜意识当中，感觉仅有宽度和深度，还并不是投资选择的全部。那还缺少什么呢？我想还有一个非常重要的维度就是纵向的时间轴概念。对于一家公司，如果投资者完成了深度研究，也已经纳入了投资组合，但是如果没有时间的积淀，很难获取真正的超额收益。而持有时间和跟踪研究，体现的是投资的厚度。

以上三个维度的乘积反映的是每一位投资者在股票投资上的总体投入，决定着投资者长期超额收益的水平。而对于这三个维度理解和执行上的偏差，是造成投资者收益差距的一个重要原因。

对于普通投资者来说，一段时间内在投资上投入的精力基本是一个定数，那么投资者就需要在宽度、深度和厚度这三个维度之间做一个取舍。如果宽度特别大，那么必然要降低厚度和深度。长期投资的超额收益和深度与厚度相关，和宽度没有显著关系。

普通投资者因为没有庞大的研究力量，如果依然坚持高宽度投资，受制于精力和资源，只能放弃深度和厚度，这或许是大部分投资者收益不佳的主要原因。

讨论到这里，从理性思考的角度，如果投资者真正在意的是长期超额收益，他似乎只有一个选择，就是将投资宽度大幅收窄，然后将极为有限的资源专注和聚焦于深度和厚度的提升，这正是长期价值投资者的选择。

放弃宽度，增加深度和厚度，就是专注的态度。

五　力

很多朋友希望找到一本股票投资的入门书籍。《一本书读懂财报》就是这样的入门指南。作者肖星是清华大学经济管理学院会计系的主任，她用通俗易懂的语言介绍了评价企业财报的关键指标，告诉投资者如何在茫茫市场当中寻找到优秀的企业。

分享两个方面的内容：一是影响企业财务数据变化的因素主要有哪些？二是如何找到好企业？

投资者在根据企业财报进行分析时，一般直接进行数据的比较。但是一个明显的弊端就是只能看到截至目前的静态数据，至于企业未来的变化，投资者缺乏可供参考的有效支撑。那么，走到数据之外，关注和思考影响数据变化的因素，对于找到好企业来说，显得必不可少。实际上，有些投资者即使文化水平并不高，未必看得懂财报，他们依然能找到长期走牛的优秀企业，他们关注的是什么呢？

"五力"是迈克尔·波特在20世纪80年代初提出的，对企业的战略制定产生了全球性的深远影响。"五力"分别是供应商的议价能力，购买者的议价能力，潜在竞争者进入的能力，替代品的替代能力，行业内竞争者现在的竞争能力。五种力量的不同组合变化，最终会影响企业盈利能力的变化。投资者经常大量进行企业调研，绝大部分就是围绕上述这五项能力展开。如果一家企业在这个五个方面的竞争优势都令人满意，这家企业的未来大概率值得期待。

　　在"五力"分析的基础上，如何通过具体的财务指标来确认企业的经营质量呢？了解一家企业的经营状况，相关的财务指标有很多，这里只关注最为核心的因素。从逻辑上来说，一家企业的经营业绩取决于经营的效益和效率。那么效益和效率怎么具体衡量呢？

　　首先需要关注的是净利润率。一家企业的净利润率越高，说明在营业收入到利润的转化过程中，损耗越少，也就有越多的收入可以转化为盈利。也就是说，净利润率是衡量一家企业效益的关键指标。

　　接下来关注的是总资产周转率，也就是"收入/总资产"。在净利润率既定的情况下，在同样的时间里，企业总资产的周转率越高，完成循环的次数越多，赚的钱也就越多，因此总资产的周转率是一个与效率有关的指标。

　　最后关注的是总资产收益率，就是把上面所说的效益和效率指标结合在一起。这个指标应该是投资者关注企业运营质量的核心变量。判断一家企业的盈利能力如何，不仅要立足于效益，也要立足于效率，这样才能对企业的利润有一个全面的考量。

　　投资者大都热衷于寻找牛股，长线牛股并不存在于技术指标当中，因为技术只能"猜测"未来的走向。而以"五力"为核心的竞争力分析和以总资产收益率为核心的经营质量分析，却可以让投资者在持有优质企业股权的过程中迎接未来。

滴灌出奇迹

要谈滴灌，离不开全球灌溉技术最为发达的以色列。以色列位于中东地区，水资源和土地都十分匮乏，但是就在这样一个极度缺水、土地贫瘠、荒漠化严重的国家里，占总人口不到3%的农民不仅供给全国农副产品，还大量出口欧洲，成为"欧洲厨房"。

奇迹的背后，正是以色列先进的灌溉技术。

历史上，以色列治理荒漠的进展也曾经非常缓慢，转机出现在1962年，一位农民偶然发现水管漏水处的庄稼长得格外好。水在同一点上渗入土壤是减少蒸发、高效灌溉以及控制水、肥、农药最有效的办法。这一发现立即得到了政府的大力支持，滴灌技术开始大规模推广和应用。相较于漫灌，滴灌的优势在于：节水1/3~1/2，单位面积土地增产1/3~5倍，水、肥利用率高达90%，有效防止土壤盐碱化和土壤板结等等。

当然，这里关注的并不是滴灌本身，而是借鉴芒格的跨学科学习方法，重点讨论滴灌带来的启发。

滴灌最大的特点是什么？聚焦，持续和渗透。

一般来说，如果一件事情做不好，要么是态度不对，要么是能力不够，而滴灌可以说是将聚焦的态度和聚焦的能力实现了完美结合。

关于滴灌系统的思考，起源于孩子的时间管理。根据我的观察，孩子课余时间安排的随机性比较大，分散在方方面面，很难进行明确的归类。但是如果从滴灌系统的角度出发，孩子每天的时间安排只有两类：一类可以纳入滴灌系统，还有一类无法纳入滴灌系统。从每个人的优势而言，在于专而不在于泛。

每个人的优势在于专而不在于泛，所以从理性的角度来说，一方面，集思广益，结合孩子的情况精准地选择方向；另一方面，持之以恒，将孩子的时间纳入不同的滴灌系统当中。比如说每天的小提琴练习、每周的足球训练等等，当然也包括学科教育。在精准的方向上持续努力，是一种有效率和质量的积累，当然也是一种有意义的积累。这对应的其实正是 10 000 小时法则。

"随风潜入夜，润物细无声"。由于滴灌系统的建立，随着精准持续的努力，在不知不觉当中，会逐渐形成优势的积累。

下面再说一件自己感受最深的事情。

在我的手机上，有两个软件使用频率最高：一个是便签，随时记录自己的想法；另外一个是语音播放软件，就是将本来需要阅读的文件转化成声音，供开车和运动时使用。正常情况下，我每天要使用这个语音播放软件至少半小时，如果使用两倍语速，大概一天可以收听 2 万字。日积月累，会有意想不到的收获。对于这套"滴灌系统"，我也非常满意，绝对是刚需。

于投资者而言，能否建立自己的滴灌系统对于投资业绩来说不可或缺。

投资者惊讶于滴灌所产生的奇迹，进而应该关注其背后精准施策、久久为功的运作机制。在优化目标的前提下，持续在正确的方向上积累有效的认知。从系统层面来说，它可以节约资源，提高效率。而上升到机制的层面，由聚焦、持续和渗透组成的这个系统是达成目标的重要保障。

我们在等待什么？

有一次和一位私募股权投资者交流时，他说到了最近的纠结，就是目前手上在看的一个和机器人相关的标的，项目本身不错，但是估值比较高，他很纠结到底要不要投。

其实投资者在二级市场投资，每天可能都会有类似的纠结，要不要买，或者要不要卖。这是股票投资者最主要的两个灵魂拷问。

但是这其实不是一个好的问题。正确的问题应该是什么呢？就是变被动为主动，反过来思考，将主角从标的换成投资者本人，我最应该买的标的是谁？而不是这个标的要不要买。

如果缺乏参照系，仅仅对一个标的做出判断其实是很难的。投资者要真正想了解一家企业，应该去了解他的竞争对手；其实对于一个投资标的来讲，只有和其他标的进行比较，才可能有一个更清晰的答案。

比如说，投资者目前关注的标的，如果对它进行量化，得分比如说是 80 分，那么在 A 股所有的 5 000 多家公司，或者把范围再放大一些，包括港股和美股在内的一万多家公司当中，这个成绩应该会处在中等偏上的位置，也还不错，但这不是价值投资的正确姿势。

因为投资者的资源是有限的，或者说是非常稀缺的，好钢用在刀刃上，从这个角度来说，一家 80 分的公司，和是不是好的投资标的完全是两回事。在投资者的认知范围内，可能还有许多85分、90分，甚至95分的公司，在投资者准备扣动扳机时，讨论一家看上去还可以的公司是没有意义的。如果以投资者为主角，就是要寻找并聚焦目前认知范围内最好的投资标的。

投资者经常说投资就是在等待，不是在等待耕耘，就是在等待收获。那么等待耕耘实际上是等待什么呢？巴菲特为什么有的标的在买入之前要等十年以上呢？我觉得就是在等待它从70分增加到90分。在这个过程当中，除了对于公司已有的认知进行验证，包括公司的管理、创始人、战略等方面，还有就是在等待估值的下降。对于同样一个标的，估值如果下降50%，对应未来的收益就多增长一倍。另外，这对组合流动性和安全性以及投资者心态的影响就更加显著。

每当市场出现调整，投资者经常会看到这样的变化：主旋律降温和回归，很多噪音在退潮，投机的力量在慢慢冷却，但是新的价值体系还没有完全形成。在这个冷却过程当中，短期的投机性思维会付出很高的代价，慢慢地，音量会越来越弱。此消彼长，基本面的吸引力逐渐增强。不管是投资者还是市场都在完成这种切换，终究会过渡到理性创造价值。

从100%到1%

我的投资认知经历过一个关键的跨越，就是从100%到1%。这里的100%，是指从目前时点往后看，内心深处衡量投资成功的标准。一笔投资获得了翻倍，或者是几倍的收益，这才是成功投资的样子。而 1%，是从目前时点往前看，过去的十年、二十年的复合收益率，是 10%、11%，还是 9%？

如果投资者觉得每年 1% 的收益率差别过于微小，那是不清楚 1% 究竟对复合收益的影响有多大。

美国沃顿商学院西格尔教授曾经计算过 1802—2012 年各个大类金融资产的表现。如果当初持有 1 美元股票，即使剔除通货膨胀因素，到 2012 年的价值将高达 70 万美元。而如果当初持有的是 1 美元现金，其购买力则只剩 5 美分。

上述研究的截止日是 2012 年，如果将研究日期延长到 2023 年底，在 2012 年之后的这 11 年间，道琼斯、纳斯达克和标普 500 指数的涨幅分别为 187%、397% 和 234%，即使按照涨幅最小的道琼斯指数计算，如果从 2012 年持有至 2023 年，期初的 70 万美元将变成 201 万美元。

我简单测算了一下，这 201 万倍收益，对应的期间 221 年美股的年化复合收益率接近 6.8%；如果尝试分别将复合收益率向下和向上调整一个点，也就是年化收益率分别是 5.8% 和 7.8%，对应的最终收益会有多大变化？ 26 万美元和 1 617 万美元！一个微小的 1%，通过时间的累积和放大，会导致巨大的改变。

时间就像放大镜，将复利的神奇一览无遗。

在好奇心的驱使下，我尝试将年化收益率设定为 15%，结果计算器崩溃了，因为最终的收益大到无法显示！最初的 1 美元，按照 15% 的复合收益率复合增长了 181 年之后，就已经高达 969 亿美元，如果继续增长，因为超过 11 位数字而无法正常显示。我大概估算了一下，从 1802 年到 2023 年，如果按照 15% 的复合增长率，期初的

1美元最终会变为接近26万亿美元！

大到不可思议！也就是说，长期按照15%的收益率复合增长绝无可能。我尝试着将复合收益率调低一点，9%对应的是1.8亿美元，10%对应的是14亿美元，相对于2023年底全球900万亿美元左右的财富总额，10%已经是长期复合增长率的天花板。

虽然收益相对有限，但亏损的风险却是无限的。如果不能控制风险，最终只能前功尽弃。这也从另一个角度凸显了风险控制的重要性。在历史的长河中，大幅盈利带给投资者的岁月静好，一定会有不堪回首的亏损季节作为平衡。深刻理解了这一点，投资会跨入一个崭新的阶段。

从目前时点向后看和向前看，哪个收益率更为真实？当然是向前看！虽然"向后看"和"向前看"的收益率差了一个数量级，但"向前看"的视角更值得投资者关注。

将投资放到更长的周期，在更大的场景中去审视，思考什么样的行为会确定性提升年化1%的收益率，或者避免1%的损失，貌似极为微观，但是从西格尔教授百年跨度的视野去看，1%背后的差距值得引发战略层面的关注。

集中投资

为什么要集中投资？

有一个古老的投资问题：在投资组合当中，应当集中还是分散？如果从规避个股"黑天鹅"的角度来讲，当然是越分散越好，但是过于分散一定会影响效率，而过于集中又无法避免剧烈波动，什么样的度才合适呢？

根据持股的集中度来划分投资，一个极端是指数基金，它可能包括300~500家公司；另外一个极端是满仓持有一家公司，在一家公司上的集中度达到100%。如果再加上杠杆，在一家公司的集中度可能会达到200%甚至更多。

一般来讲，投资者应该避免把所有的资金集中在一家公司，但同时也存在一个不容否认的客观事实，那就是大部分成功的创业者，无一不是把所有身家投在了极少数公司上面，然后获得了巨大成功。那么为什么到了普通投资者身上，就出现了谈"集中"色变呢？

投资者一方面认同并且点赞优秀的创业者，但另一方面在投资当中对于集中投资又退避三舍；投资者遵循的逻辑是否一致？潜意识当中投资者是否有回避的倾向呢？

马云曾经讲过职业经理人与企业家的区别：大家同样上山去打野猪，职业经理人看到野猪没打死，扔下枪就跑了；但企业家看到野猪没打死，拿出菜刀就冲上去了。

这个例子也形象地表达了创业者和投资者之间的区别。优秀的创业者想的是全力以赴，而"聪明"的投资者考虑的则是留有退路。既然留有退路，对于投资标的的研究会不会适可而止？

有朋友可能会讲，投资者可以一方面专注研究，另一方面在仓位上留有余地，但实际上人性是很"聪明"的，只要还有其他的选择，在研究上的专注一定会打折扣。当然，任何事情都没有最优，只有次优。如何做到兼顾收益和风险的次优呢？

在本章"投资的态度"一节中，曾经讨论过深度和宽度的四种组合，这里再进一步分析一下。画一个坐标轴，横轴是研究的程度，左侧是低，右侧是高；纵轴是集中度，下面是低，上面是高。这样就生成了四个象限。这里需要注意的是，受制于两个因素，高研究低集中度模式会受到一定影响。一个因素是优质标的的稀缺性，另外一个因素是投资者的管理半径。受此影响，投资者在这个象限的表现是相对收敛的，所以我称其为有限集中。

在上面所述的坐标图中，每位投资者都可以找到自己的位置。综合考虑，我认为最好的选择是高研究有限集中，次之是高研究高集中，再次是低研究低集中，最次是低研究高集中。由此可见，不能简单地比较高集中和低集中，有高研究支持的高集中，要明显好过缺乏研究支持的广撒网。

在李录的喜马拉雅以及查理·芒格曾经担任董事长的《每日期刊》（*Daily Journal*）的投资组合当中，第一大股东持股的比例都达到了40%，是不是有些超出了市场此前的认知？这不仅仅是由于他们对于集中持股的标的有信心，也是对于自己研究和判断的自信。

这里并不是鼓励投资者去孤注一掷，而是提醒自己永远都不要回避。每当考虑集中度时，首先要考虑对于标的的研究程度是否和自己的集中度相匹配。一般来讲，当投资者选择高度分散时，要么是市场没有做好准备，要么是自己没有做好准备。

聚焦可以走到舞台中央的机会

在一部影视剧当中，主要情节会围绕主角展开，主角的受关注程度最高，但机遇屈指可数；配角有很多，虽然也有可能因为逆袭而受人关注，但毕竟是小概率事件，大部分到头来注定默默无闻。在长期的股市行情当中，投资主线的更迭也是如此。投资者一项很重要的工作，就是通过自己的研究和努力，提前发掘和锁定未来的主角，经此一役，大局既定。大部分普通投资者业绩不理想，很大程度上是因为长期投资于配角，甚至是跑龙套的角色，最后的业绩可想而知。

回头去看，以十年为一个周期，革命性的上涨机会只集中在有限的行业和公司，聚焦的过程就是发现目标和提升收益的过程。

一般来说，好的投资决策，就是要努力寻找最强的投资逻辑，而不是找一个还可以的投资标的。在一个同台竞技的舞台上，投资者只有找到最强音，能够走到未来的最中心，才可以充分享受到市场的估值溢价。假以时日，主角和配角之间呈现出来的收益差距，大概率呈现指数级关系。

在一场演出当中，主角可能只有一个。同样，投资者面临的优质投资机会也极为稀缺。这不禁让人想起巴菲特在商学院演讲时曾经提到的打孔卡理论。他说："我可以给你一张只有20个打孔位的卡片，你可以打20个孔，代表着你在这一生中所有可以做的投资，从而最终增加你的财富总值。但是一旦打完了卡上所有的孔，你就不能再做任何投资了。"

投资，只聚焦可以走到舞台中央的机会。

组合的利弊

在目前的基金行业当中，运用组合进行投资是一个最底层的投资逻辑，目的是"降低"风险。比如对于公募基金来说，单只股票的持仓上限不能超过10%。因为分散投资的"有效性",马科维茨还获得了诺贝尔经济学奖。但是最近一位朋友遭遇的一次变化,让我深刻认识到针对一个或者两个维度所得出的结论未必适用于更多维度,组合投资有利有弊。

组合投资的利是分散风险,那么弊是什么呢?

首先,组合投资忽视了专注对投资带来的超额收益,以及增加标的给投资者带来的管理难度,进而对业绩产生的负面影响,仅从数据上考虑收益和风险的配比。

当第一次看到巴菲特和芒格的第一大重仓股占比超过四成时,我多少还是有些吃惊,这和传统的分散投资不一致啊?但是随着时间的推移,我越来越感觉到集中投资是一种必然。

组合投资所谓的分散风险,分散的是什么风险呢?是因为对标的研究和认识不足而导致的误判所带来的风险,而这样的风险恰恰需要通过集中注意力、提高专注度来进行化解。也就是说,组合投资所分散的"风险",和投资者以为集中投资所带来的"风险"并不是一回事。

下面说一个在理论上很少讨论,但是对投资又会产生巨大影响的亲身感受。

我有一位熟悉的朋友,很长一段时间投资集中度最高的是A公司,因为关注度高,对于公司的一举一动就会有着较为清晰的判断,体现在投资上也驾轻就熟。

如果一直这样持续下去,就没有这篇文章了。或许是厌倦了波澜不惊的投资节奏,或者说是没有抵御住市场的诱惑,当另一家长期关注的B公司接近历史低位时,他开始试探性买入,但是仓位很轻，占比不超过 5%，当时也希望以此为契机，进一步增加对 B 公司的关注和研究，希望 B 成为 A 之后集中持仓的公司。

虽然仓位很轻，但是所带来的变化却始料未及。买入了新的标的，注意力就需要在两个标的之间不断切换。此前他想当然地认为，如果总的注意力是 100%，原来全部集中在 A 公司上，那么增持 B 之后，就只有 50% 在 A 公司，另外 50% 分给了 B 公司。由于原来对 A 公司已经比较熟悉，这样的分散应该问题不大。

但是从实际体验来看，此前的预期还是太乐观了。拿高铁来举个例子，如果高铁线路新增一个车站，虽然只停车 1 分钟，但是对于总的行驶时间来说，增加的时间远不止于此。分散带来的最大影响是专注度大打折扣。这里所说的专注度，并不是以关注这家公司的时间长短来衡量，而是深度思考的时间。高铁的起停会明显影响全速运行效率，就像影响投资者深度思考的效率一样。虽然仅增加了一个标的，但是感觉对于 A 公司深度思考的时间最多只有原来的三分之一。这样一种结果大大超出了此前的预期，让他始料未及。

我特别享受的一种状态就是沉浸在一家公司的深度思考当中流连忘返，如果像这位朋友一样，需要打卡似地赶着去关注另外一家公司，是不是有些本末倒置？而同时在管理几十家公司的基金经理，又会是一种怎样的感受？遇到牛市，一荣俱荣还好，如果遇到各家公司不同步的场景，多家公司对精力的消耗会呈几何倍增长，基本是一项无法完成的使命。

投资是管理欲望的艺术，利用市场的贪婪和恐惧，同时对冲自己的贪婪和恐惧。要做到这一点，专注，而不是分散，显然是投资者更好的朋友。

最后，我想到的是叶公好龙的故事。集中持股并不适用于所有的投资者，或者说只适用于非常熟悉公司业务的少数投资者。否则只看到了集中持股的好处，而没有深度研究作为支持，当剧烈震荡到来时，会带给投资者无法承受之痛。

第三篇：以终为始

在前面两篇内容当中，投资者锁定了目的地，也具备了充足的能量和动力，似乎顺利抵达目标只是时间问题。但是投资的旅程不会这么一帆风顺，就像在《西游记》当中，西天取经之行目标明确，团队也极富战斗力，但依然需要经历九九八十一难才最终修成正果。

在投资的旅程当中，投资者必然要经历磨砺，遭遇各种各样的复杂情况，对于发现问题和解决问题的能力提出了很高要求。接下来这篇内容——以终为始——重点讨论帮助投资者"修成正果"的四个因素，分别是问题解决机制（实事求是）、外部环境要求（不期待牛市）、控制风险以及容错机制（留有余地）。

第七章 实事求是

先来看两个现象。

01

研究发现，很多人同时购买保险与彩票，虽然赢得巨额奖金的概率极低，但全球有数亿人还是经常购买彩票，因为买彩票整体是得不偿失的，所以理论上应该所有人都不会去买，彩票业应该根本不存在，但现实中的彩票业却并不会因理论上的不合理性而消失，反倒处在持续增长当中。人们在购买保险时表现出风险厌恶，但在彩票上却表现出一种风险寻求这种现象，被称为弗里德曼-萨维奇困惑。

02

1952年，法国经济学家、诺贝尔经济学奖获得者阿莱做了一个著名的实验：

赌局A：100%的机会得到100万元。

赌局B：10%的机会得到500万元，89%的机会得到100万元，1%的机会什么也得不到。

实验结果：绝大多数人更喜欢确定性，选择了A而不是B。

阿莱使用新赌局对这些人继续进行测试。

赌局 C：11% 的机会得到 100 万元，89% 的机会什么也得不到。

赌局 D：10% 的机会得到 500 万元，90% 的机会什么也得不到。

实验结果：绝大多数人选择牺牲确定性换取更高的期望值，选择 D 而非 C。

在第二个场景中，相对于理性而言，感性在决策中扮演了更为重要的角色。像冲动、习以为常等非理性特征更像是人性的一种原始状态。从这种意义上来说，专业的投资管理需要实现对人性自然状态的制衡，坚持实事求是和独立思考尤为重要。

关于实事求是，这一章讨论的内容主要包括两部分：尊重自己和尊重市场。

尊重自己

诚实的投资者

从终局思维的角度，从目前时点回望过去，市场基本遵循了优胜劣汰的进化逻辑，虽然市场会阶段性存在很大分歧，但是如果基于常识和实事求是的态度，行情的可预见性较高。截至 2023 年底，在过去 18 年间，沪深 300 指数的收益率是 4 倍，合格投资者大概率会获得不低于这样的收益水平。

这里的合格投资者会让人联想到QFII，就是合格境外机构投资者，他们可以被看做海外价值投资的代言人。那么对于普通投资者来说，"合格"需要具备什么特征呢？诚实、遵守规则、有定力。

在上述基础上，如果再具备独立思考和持续学习的能力，就会大概率成为优秀的投资者了。

为什么把诚实放在合格投资者的第一位？

美国共同基金之父罗伊·纽伯格在他从业68年没有出现亏损的经验总结中，第一条就提出投资者要百分之百地、诚实地面对自己，回答自己有没有投机心理，风险是否会让自己感到不安等等。因为只有诚实地回答这些问题，投资者才能够制定适合自己的投资策略，不会承受远超过自身承受能力的风险。此外，诚实会让投资者客观面对自己和上市公司的短板，可以基于事实而不是主观臆断进行决策。

从宏观角度去考虑，市场中有相当比例的资金是错配的。一方面，大量自有资金因为各种原因，主要是投资者因为对股票市场和对自身的误解，导致对股市敬而远之，尽管其中相当部分投资者具备合格投资者的特征。

另一方面，大部分非合格投资者却通过融资融券等方式举债，或者动用短期资金进入股市，这样的出发点决定了投资者只能关注市场的短期交易。略显滑稽的是，这部分追涨杀跌的非合格投资者，反而成为A股市场的一个代表性"符号"。更为严重的是，由此产生的信息定义着A股在公众心目中的画像，进一步影响着更多的场外人士。

相对于债券等固定收益产品，股票市场确实是高风险市场，而非合格投资者的追涨杀跌，将股市参与者的风险进一步推高，以至于让很多人谈股色变。其实此风险非彼风险。就像高速行驶的汽车如果刹车失灵，会导致车毁人亡；如果所有装备正常，不仅风险完全可控，而且利远大于弊。

对于合格投资者的长期策略而言，股票市场当中是存在福利的，这种福利的本质是一种时间的价值。

不同投资者往往被混为一谈，其实，投资者之间的差别，不亚于投资者和非投资者之间的差别。查理·芒格曾经说过："我的剑只传给能挥舞它的人。"同样，只有合格投资者才会真正享有股票市场的时间福利。

我是谁？（诚实面对自己）

投资者之间往往存在分歧，可以说分歧是一种常态，根源在于投资者个体的差异，投资者的经历、预期以及策略的不同，导致了投资者行为的差异。

首先，投资者的结论与自己所接触到的信息、人和事件有关。做一个不太恰当的比喻，就像盲人摸象，接触到的位置不同，结论也相差甚远。以往讨论问题时，经常会引用这样一个例子：如果两位投资者在同样的时间分别去了两个地区，一个特别贫困，一个非常富裕，回来之后，他们的所见所闻一定会对投资判断产生显著不同的影响。

其次，时间维度不同。也就是不同投资者的关注点是锁定在未来的不同时点。一个人如果看好的是未来 5 年、10 年甚至更长的时间维度，另外一个人则是最关注未来 3~6 个月，那么他们对于未来的判断以及所采取的措施会截然不同。他们启动的是不同的应对系统。

再者，投资策略和投资标的不同。对于自下而上选取公司的投资者来说，当目标公司已经进入伏击圈之后，再多的利空消息无外乎就是把目标拉得更近，让自己扣动扳机时更加从容。但是如果投资者采取的是类似宏观对冲的策略，那就会对于指数的波动，特别是短期波动非常敏感，投资者对于未来的判断自然与此高度相关。

…………

讨论到这里，每个投资者都应该问这样一个问题：我是谁？

一位曾经两次收获百倍股的朋友，虽然曾经是一线投资机构的负责人，但是目前热衷于帆船运动，关闭了自己的私募基金，其状态更接近自由投资者，自己的投资自己负责。对于他们而言，持有超长线自有资金，且没有外部压力，他们的投资思考和判断是一种非常真实的状态。

相对而言，绝大多数机构投资者需要考虑太多投资以外的因素：需要考虑绝对收益，需要考虑短期表现，需要兼顾中长期的平衡，还需要考虑投资者赎回……太多的约束条件让投资者并不确定他们真实的恐惧究竟来自何方。

每位投资者能做到实事求是地面对自己、面对市场，才是自己的真实状态。

承认缺点

对于投资股票市场来说，最大的特点就是不确定性，这是导致投资者亏损的最主要原因。股票市场是人性缺点的放大器，即使投资者抱着管理风险的心态入市，也无法改变和不确定性博弈的事实。如果以结果来衡量投资行为，投资收益最后都表现为不确定性兑现的概率。

如果一直围绕不确定性探讨下去，似乎陷入了不可知论。那么投资者能不能找到一条确定性路径来降低自己的投资风险，提升投资收益？相对于复杂多变的市场和标的，投资者最了解的无疑是自己，如果把投资盈利的评价标准确定为投资者对自己缺点的认知程度，也就是说，谁对于自身缺点认知更准确，谁就可以获得更多的投资收益，那么相信绝大部分投资者都会有不错的收益。这说明了什么？这说明了投资者对于自己的缺点并不存在认知障碍。

不管是机构还是个人，在进入股市之后，在长期的投资过程当中，自身的缺点都会暴露无遗。但是对于绝大多数人来说，并没有选择承认自己的缺点，克服它，或者趋利避害，选择适合自己的投资策略；反而会视而不见，一错再错。从这个角度来说，每个投资者的投资业绩就是自身缺点的记录器。知错不改越多，业绩越差。而知错就改，实事求是，必然会得到市场的奖励。

观察身边的投资者，实事求是的人，在市场中的生存状态最好。

原始的冲动

在人们的职业生涯当中，每个人都倾向于做自己熟悉，并且有优势的事情。其实从投资的本意来讲也应该如此，相信绝大多数投资者在入市之前也认同这一点。

但是真正到了投资实践中，有多少身处其中，甚至包括赚得盆满钵满的投资者，真正明白自己所投资的公司具体从事什么业务、有没有核心竞争力、究竟应该值多少钱呢？

一边是"貌似"唾手可得的丰厚利润，另一边是自己的认知壁垒。究竟应该选择哪一边？选择诚实，还是挣点快钱，大部分人的选择显而易见。

或许，在这样的场景当中谈诚实显得过于幼稚，或者说奢侈。

芒格在斯坦福大学法学院的演讲非常精彩，让人受益匪浅。其中有一个例子让人印象深刻。

芒格的话题是从当时通用电气的首席执行官杰克·韦尔奇说起的，有一次，有人问他："杰克，苹果公司究竟哪里做得不好？"韦尔奇当时是这样回答的："我没有足够的能力来回答这个问题。"当时巴菲特也在场。

芒格非常认同韦尔奇这一点，就是对自己非常诚实，知道自己认知的边界，没有轻易去否定苹果，尽管在那之前，苹果的股价表现很不好。但是从1996年算起，苹果股价至今最大涨幅已经超过1 000倍。

讲到认知的边界，芒格提到了下面这个现象，他非常善于从大自然中寻找问题的答案：当蜜蜂发现蜜源时，它会回到蜂窝跳起一种舞蹈，告诉其他蜜蜂蜜源在哪个方向、有多远。这是由蜜蜂的基因决定的。

四五十年前，有一位聪明的科学家把蜜源放在很高的地方，蜜蜂从来没有遇到过这样的情况，它的基因里又没有编排好表达蜜源太高的舞蹈，所以当蜜蜂发现了蜜源回到蜂窝时，它是怎么做的呢？

芒格说如果是韦尔奇遇到这样的情况，他会安静待着，什么都不做。但是蜜蜂是怎么处理的呢？它跳起了一种不知所谓的舞蹈。

芒格认为，许多人总是很自信地回答他们其实不了解的问题，就像那只蜜蜂，他们试图以那种方式回答问题，这是一种巨大的错误，没有人期望你什么都懂。

芒格喜欢说的一句话是："在这个领域，我没有能力给你任何特殊的见解。"当一个人不了解也没有相关的才能时，不要害怕说出来。

投资者在超出自己认知范围之后所采取的行为，更像是大自然当中的一种本能，这让人们对于投资的风险更应该刮目相看。在利益的驱使下，投资者很容易忽略自己认知的边界，至少在买入的瞬间是这样。

对于投资取得的收益，需要在两种情况下才能下结论，而不是仅凭一个月甚至一两周的时间框架。

首先是长期可持续。就是目前投资者赚钱所依据的逻辑能够经得住时间的考验。

其次，股市的行情是由牛市和熊市构成的，在牛市之后的那一轮熊市没有结束时，不要轻言自己赚到了多少钱。判断一轮投资的盈亏程度，时间点是在那一轮熊市结束之后。

所以很重要的是，投资者目前赖以生存的认知和逻辑，能否穿越下一次熊市。

终身博弈

全球最大的对冲基金——桥水基金的创始人瑞·达里奥认为，

人体内同时存在两个自己：一个是"有逻辑和有意识的你"，另一个是"情绪化和潜意识的你"，二者经常处于交战状态。

投资者可以这样理解，大部分时候，处于大脑中较高决策层次的理性的自己会占据上风，作出有利的决定。但是一旦情绪化的自己占据上风，投资者的行为就会变得冲动和感性。

这有利于理解市场当中的很多怪象。

大脑当中理性的自己会告诉投资者一家公司的现金流遭遇了巨大困境，缺乏基本面支持，君子不立于危墙之下；但是感性的自己却看到市场中有投资者入市当天就取得了超过10%的"暴利"，而且在连续反弹当中，一直保持着巨额成交量，短线交易带来的巨大收益让人难以抵制。

如果理性和逻辑不能抑制投资者潜意识中的冲动，感性的交易指令就会被执行。貌似都是经过了投资者的思考，但是话语权掌握在"理性自己"还是"感性自己"的手中，体现在市场中的交易结果差异巨大。

根据达里奥的观点，投资者开始容易理解为什么巴菲特对高科技公司避而远之。从理性的角度去看，就全行业而言，资金投入周期长，投资规模巨大，短期没有效益产出。因此，从投入产出比角度考虑，并不是二级市场理想的投资标的（更适合创投和政府引导资金）；但是从感性的角度去看，高科技行业空间巨大，有着诱人的题材和想象空间……对于炒股票就是炒未来的资本市场来说，确实让人很难拒绝。

往往要等到潮水退去之后，市场才意识到，让投资者产生憧憬的大部分"利好"，在可预见的未来很难转化为上市公司利润表中的净利，反倒会增加资产负债表中的负债和利润表中的成本。

内心中理性和感性的纠结，是一场所有投资者都不能回避的终身博弈。

默认状态

市场上曾发生了一件非常荒谬的事。因为销售低于预期，某地推出了激进的汽车促销优惠政策。企业遇到困难，政企纾困无可非议。但是在资本市场上，滑稽的现象出现了。相关的汽车上市公司股票在消息出台后出现了涨停。相信绝大多数投资者都清楚，这次优惠促销的起因是企业遇到了困难，这恰恰暴露出企业经营出现了问题，本质上是企业的竞争力下降。再往深层次看，这家企业的困境并不是个案，在燃油车加速向电动车转换的大背景下，大部分合资车企的销售都出现了断崖式下跌，而这样的困境显然不会通过一个月的短期促销就走出来。

每位投资者都希望能盈利，每个人也都有自己的投资理念，但是一部分投资者能将自己的理念落到实处，而大部分人口中的理念和自己的行为却是"两张皮"，其实他们并不想欺骗别人，更没有想过欺骗自己，只是在投资市场上，要做到言行一致确实太难了。最主要的原因，是每人都有一个自己的默认模式。

所谓默认模式，可以理解为一个人的舒适圈和路径依赖，就是假以时日，投资者总是会回归到自己最舒服的默认状态。而正是这种默认状态在真正决定着一个人的风险暴露程度和盈利能力等等。

在文章开头那家汽车上市公司中追涨停的投资者以及当年中石

油开盘追高入市的投资者，他们的默认状态是热衷于从热点事件中寻找买入机会，而忽视了背后所蕴藏的风险。

另外，在标的选择上，有的投资者默认低估值，就是他骨子里只相信低估值会带来安全感。尽管他会看各种各样的标的，但最终的选择一定是回到他的默认状态，选择那些至少有低估标签的公司进行投资；而有的投资者的默认状态则是高成长，他们绝对不会选择成长性乏善可陈的标的。

在风险防控方面也是如此。默认状态决定着一个投资者的风险暴露程度。比如华尔街"独行侠"戴维·艾布拉姆斯，他的默认状态就是保持40%的现金持仓；而有的投资者的默认状态是一定要满仓，更有甚者一定要加到1∶1的杠杆。投资者在进入自己的默认状态之前，多少会感觉有些焦虑。

每个人的投资业绩极大概率是由其默认状态所决定，当由偶然性带来的净值波动消退之后，投资者的收益取向和自己的默认状态会呈现极强的关联关系，所以投资者一定要正视自己的默认状态。如果实际的默认状态和自己的认知存在非常大的差距或者截然相反，一定要把调整提上议事日程，尽快解决。

默认状态是投资者最真实的状态。

尊重市场

生存手册

前两天在和朋友聊天时，他们突然问到一个问题：这么多年，你从谁身上学习到最多？这个问题我之前从没有思考过，但当时的第一反应就是证券市场。

市场是一个抽象存在，它很远，看不到，摸不着；它也很近，承载着投资者的喜怒哀乐。

当获利颇丰时，投资者觉得市场很可爱，因为它帮助了自己，像默契的朋友；但是当出现严重亏损时，投资者又会觉得市场面目狰狞，让人心生厌恶。市场的样子更像是人们心情的外化表现。

市场是什么？是所有参与交易的投资者交易行为的总和，是群体博弈的结果。所有投资者输入了什么，它就输出什么，这也就决定了它未必正确，或者说绝大多数时间都不正确，但却是一种客观存在。

不论喜欢与否，市场都是一种客观存在，去抱怨一种客观存在没有意义，有意义的是决定投资者该怎么操作。在任何决策场景下，投资者面对的都应该是一分为二的选择：如果市场按照自己的预期发展，自己怎么办？甚至说按照自己的预期偏乐观或者偏中性细分，又会有什么区别？应该采取什么样的对策？反之亦然。

投资者事后会发现，当自己觉得有点失落时，一定是事态的发展偏离了自己的预期。比如说当市场出现超预期上涨时，自己手上已经没有筹码，或者筹码比例过低；反之，当市场恐慌下跌时，自己已经弹尽粮绝，甚至连可用的杠杆都没有额度。

这些是市场的问题吗？其实是自己的问题。

市场就是这样，它永远不会和投资者讨价还价，也永远不会网开一面，不负责对它自己报价的正确与否进行评价，但是会按照它提供的价格进行交易。是对是错，由投资者负责，然后由历史进行评价。

每当投资者觉得非常恼火时，并不是市场出了问题，而是应该反过来审视自己。审视的并不是自己的判断是对是错，对投资者来讲，对错都是兵家常事，所要审视的，是为什么没有给自己的判断提供足够的容错空间，如果判断失误会带来什么样的影响，自己能不能承担投资失误所带来的后果。这就是敬畏心，正是因为市场的铁面无私，会倒逼投资者必须养成实事求是的认知态度，毕竟生存才是投资的第一法则。

投资者每次入市前建议准备一个生存手册，在上面非常明确地列出每一笔投资如果失败将如何应对。所有生存手册的初衷都是以防不测，对投资来说同样如此。

之所以说市场让我受益最多，是因为它持续以自己的"喜怒无常"教我完善自己的生存手册，过去和现在是，将来还是。

永远满怀激情，永远心存敬畏。

选股能否如选配偶？

经常有人说，选股如选配偶。但是我并不认同这样的观点。

选择标准究竟是选择投资者自己喜欢的，还是选择市场喜欢的，这个很重要。如果选择自己喜欢的，和别人完全没有关系，投资者也可以隐身世外，和别人不相干，想选什么就选什么，完全是个人自己的事儿；但是投资者之所以在二级市场投资，就一定会考虑到流动性，就涉及将来要退出这个市场，就需要有人来接他/她的筹码，那么就需要以别人的审美观来看待自己所选择的股票，就需要实事求是。从这个角度来说，像选配偶一样来选股票肯定是行不通的，一定要考虑市场的审美观。

那么市场的审美观是什么？投资者现在买入股票，怎么知道等自己退出时市场会喜欢什么？所以在股票市场当中，也需要像黄金一样的硬通货，需要一个公认的标准，那就是业绩。很多时候投资者可能置业绩于不顾，过于关注华而不实的题材和概念，但是当市场真正遇到波动或者调整时，业绩的价值自然就体现出来了。市场的不确定性越大，确定性业绩的含金量就越高。

所以投资者如果是像选择配偶一样来选择股票，他/她可以选择概念，也可以选择重组，但是如果将来这些都无法转化为业绩，他/她将来在退出市场时就可能面临亏损的风险

一笔投资，可能始于理想，但一定终于现实。

和　解

投资者的成长来自不断解决主要矛盾，对于投资而言，最重要的并不是如何找到正确的标的，因为在漫长的投资生涯中，持续发掘到优秀的标的几无可能，而持续犯错则是大概率事件。如何面对和纠正错误，是衡量一位投资者是否成熟和优秀更为重要的标准。

从微观来讲，投资者会对一家公司判断失误，中观一点，对行业的判断会出错，如果从宏观来讲，则是对经济整体走势也会错判。不管是从微观到宏观还是从宏观到微观，投资者要一直保持正确判断非常困难，这个世界总会有某种超预期的方式来打败投资者的自负。

很多时候，投资者在本来有条件通过一定的付出可以纠正错误时，却基于侥幸而想入非非，寄希望于好运气把它化解，这是理性输给了人性。好运气本身就是一个可遇不可求的小概率事件，特别是在已经做错的前提下，寄希望于运气大概率会是一个更错误的选择。

从投资策略上来讲，投资者一旦意识到自己走的这条路存在问题，为了避免惨烈的结局，最好的选择是当机立断，争取在合适的时间窗口通过承受一定的损失来达成和解，包括心态，也包括持仓。

所谓机会，就是投资者还可以选择；否则将没有选择。

有句话叫做可怜之人必有可恨之处，从这个角度来讲，因为心存幻想而放弃选择，是自己错过了和自己和解的机会。

在所有投资者当中，很少有人自始至终意识不到自己的问题，大多数人知道问题在哪儿，但是因为不想承受眼前的损失而难以下定决心，自欺欺人地认为可能没有必要或者等等再说，其实是在拖延当中放弃了自己的选择权。对于所有投资者来说，当遭遇危机时，最宝贵的莫过于还有时间进行选择，因为有时间就有空间，时间窗口关闭了，再多的美好愿望终究会变为空想。

复盘过去的投资，曾经的惨痛经历在脑海中已经褪去了颜色，褪色的基本都是幸福的回忆。虽然会因人而异，但是时间越久，淡忘是大概率事件。从这个角度来说，更坚定了自己在错误面前跨越眼前的损失回到正确方向上来的决心。

没有必要担心以亏损来结束上一轮投资是不是有些尴尬，时间会先把它变成越来越遥远的记忆，然后慢慢抹平，对未来有意义的只有投资者有没有走在正确的方向上，以及现在的路是不是越走越宽。

尊重市场，是为了更有质量地拥抱未来。

一个真实案例

2020年疫情刚刚在全球暴发时，海外市场，特别是美国股市遭受了较大的冲击。由于美股在此之前已经历了11年长期牛市，所以在史无前例的疫情面前，市场上看空的声音当时明显占据了上风。受此影响，纳斯达克指数和标普500指数一度最大跌幅分别达到33%和36%。即便如此，市场上主流的声音仍然认为调整幅度还远远不够，指数应该会回到2008年次贷危机时的水平。

如果回到2008年的水平，意味着纳斯达克指数和标普500还要继续下跌80%和70%。

尽管投资者认为跌回到2008年的水平确实有些过分，但是在全球几乎处于"静止"状态的非常时刻，很难有让人信服的逻辑来加以反驳。

虽然没有人确切知道将来会发生什么，但是有没有可以帮助投资者将看空观点证伪的线索呢？至少可以直观地告诉投资者回到2008年的水平是什么概念。

讨论指数，就离不开成份股和权重，也就是说，指数的背后是一家家实实在在的公司，指数是这些公司的影子，只有这些公司崩盘，指数才会出现崩盘。

那么美股当中，对指数影响最大的是哪些公司呢？这些公司会不会像很多人所担心的那样跌落神坛，一去不复返呢？

下面这张表中所列出的五家公司，就是市场通常所说的美股权重最大的 FAAMG，五家公司占据了美股 10% 的权重。

（2020 年 3 月 22 日）

	脸书	苹果	亚马逊	微软	谷歌
市值（美元）	4 268 亿	1 万亿	9 200 亿	1.04 万亿	7 342 亿
市盈率	23	17	79	23	9.3
ROE（%）	20	55	22	42	18

稍有基本面研究常识的投资者，看到上述公司的 ROE 和市盈率等主要指标，都会知道这样的公司质地和所属赛道意味着什么。在疫情来袭时，它们的盈利模式会被削弱、摧毁，还是加强？

下面再来看一下部分传统企业当时的市值：花旗 800 亿美元、波音 500 亿美元、高盛 470 亿美元、西南航空 150 亿美元……十几家世界 500 强公司的市值，还远远抵不上 FAAMG 一家公司的市值。而且接下来更为重要的是，受到疫情的影响，小市值传统公司的权重越来越小，科技类大市值公司的权重则越来越大，这会进一步削弱传统行业公司对指数的影响。

在 2008 年次贷危机发生时，脸书还没有上市，苹果、微软和亚马逊从当时到 2020 年的涨幅都超过了 30 倍，谷歌的涨幅也在 10 倍以上。如果美股指数要跌回到 2008 年的水平，在 FAAMG 等公司权重越来越大的情况下，怎么实现呢？指数能够绕过这些公司而独自回到 2008 年的估值水平吗？

讨论美股指数，并不是去预测它的涨跌，而是本着实事求是的精神，通过它背后的公司，特别是权重公司，找到指数的锚在哪里，以多一个参照的尺度。

上述分析过程，我于 2020 年 3 月 23 日 20:30 发布在公众号上，巧合的是，随后开盘的美股三大指数当天创出了疫情以后调整行情的最低点，然后止跌反弹，用了不到三个月的时间就创出了历史新高。

截至 2024 年 12 月 9 日，上述 FAAMG 的市值分别是：脸书 1.55 万亿美元、苹果 3.73 万亿美元、亚马逊 2.38 万亿美元、微软 3.32 万亿美元、谷歌 2.15 万亿美元。

实事求是，不人云亦云，会看到市场中更为真实的一面。

第八章 不期待牛市

不期待牛市在价值投资当中的角色，是希望投资者搭建一个全天候的投资策略，不因外部环境的变化影响既定策略的执行。也就是说，外部环境不是影响投资收益的核心变量。强调不期待牛市，也是为了避免投资者受到非核心变量的诱惑，误入歧途，产生不必要的损失。也就是为了避免像战争史中常说的，在错误的时间、错误的地点，打了一场错误的战役。

牛股与牛市？

在股市中获取丰厚收益的投资者主要有两个路径：一是靠牛股，二是靠牛市。虽然理论上如此，但是仔细看一下身边的人，发现最终靠牛股赚钱的人多，仅靠牛市赚钱的人却屈指可数。

这里要特别说明一下，一轮行情的收益率应该在一轮牛熊行情结束之后统一计算，而不是仅仅计算到牛市的最高点结束。仅此一点，或许会显著改变大部分投资者对于牛市的理解。

举例来说，在2007年的那一轮行情，不能以6 124点来计算收益，而是应该在2008年的1 664点，也就是在退潮之后，来完整计算这一轮行情的整体收益。

根据指数计算，从2005年6月的998点到2008年的1 624点，在这一个轮回当中，投资者应该有超过60%的收益率。但是参与其中的普通投资者绝大多数应该拿不到这个收益率水平，反而是亏损累累。

原因很简单，在行情顶部全身而退的大部分不是普通投资者，再加上普通投资者的频繁操作和全市场巨量的费用开支，都显著降低了他们的收益率水平。

从逻辑上来说，如果一位投资者期待牛市，本身就表明他在正常的市场环境中缺乏有效的盈利模式。所以建议普通投资者慎谈牛市，多谈牛股。牛股和牛市虽然只有一字之差，但两者至少存在以下三个方面的区别。

首先，牛市必须自上而下，是一个系统工程，需要全市场的天时地利人和；但是牛股可以自下而上，即使在熊市当中，也可能会跑出牛股。

其次，牛市重势，牛股重质。牛市的出现往往借助于外部因素，比如政策推动、流动性改善等等；而牛股更强调内涵可持续。

最后，对持有牛股的投资者来说，持股期间因为未来的确定性而处在一种放松和愉悦状态；这和牛市期间投资者的狂热、紧张以及纠结等复杂的感受截然不同。投资者的焦虑程度随着不确定因素的增加而增加。

建议多谈牛股，少谈牛市，一字之差，反映的是投资者认知的两个极端。

多头思维

投资者喜欢憧憬牛市，但即便是大的牛市，当回头去看时，除了轰轰烈烈的K线走势以外，其实绝大部分投资者在那一轮行情之后，并没有留下什么收获，除了美好的记忆。

如果更进一步去看，在一轮牛市的顶点，收益超过指数涨幅的比比皆是，其中不乏5倍甚至10倍收益的"股神"。但为什么后来这些投资者大部分又泯然于众了呢？牛市见顶之后的调整才是关键，它往往会将投资者前期的收益全部吞噬。

受到牛市后期激情燃烧的冲动影响，投资者风险意识更加淡薄，决策质量显著下降，收益预期开始以天甚至以小时为单位衡量。更为重要的原因是，持续的牛市带来的多头思维惯性，可能会伴随着投资者走完熊市调整的全程。

在6 124点和5 178点两次登顶之后的回撤当中，前者一个月下跌了20%，后者17个交易日跌幅就超过了30%。很显然，伴随着巨大的成交量，市场的调整速度超过了投资者转变多头思维的速度，因为投资者的多头思维很难转变，甚至从来就没有转变。

直到2022年，我才意识到，一直引以为荣的多头思维，可能是真正阻碍认知进一步提升的障碍。

精选个股、长期持有是投资者一直提倡的投资策略，但是原来自己把长期持有视为多头思维的体现，认为看多就应该长期持有，否则就不是真正的长期投资者，自己将自己绑架了。这样在估值明显偏高、市场出现重大变化时，就失去了实事求是调整策略的机会。

多头思维表明投资者长期看好一家公司的发展，至少是5~10

年的一个时间维度,而长期投资是对多头思维的具体执行。但是落实到执行层面,多头思维和长期投资并不意味着一直以相同仓位做多一家公司,其间没有任何变化。

抛开一家公司的具体估值,盲目地坚持做多和长期持有,是对精益求精的一种回避。所谓寻找有精确刻度的标的,就是只有通过深度研究,投资者才能够对投资标的进行精确估值,在极端高估和低估时才能果断采取相应的对策。从这个意义上来讲,盲目地做多和长期持有是一种不负责任的行为,对于标的估值的变化没有及时响应,违反了实事求是的原则。

接下来再审视一下多头思维本身。多头思维也算是一个历史遗留问题。因为投资者过去没有做空工具,如果想在投资市场当中盈利,只能通过先买入,然后等到价格上涨之后再卖出,这是过去长期培养的一种思维方式。

查理·芒格曾经说过,对于手拿铁锤的人来说,看什么都像钉子。一旦多头思维先入为主,投资者就不可避免地从做多的角度看待所有标的。像巴菲特虽然反对做空,但是并不意味着他对于所有的投资标的都会问"能不能买"这样的问题,除了做空和做多,投资者也可以选择"放弃"。不管是从回避风险还是从发现机会的角度,投资者不妨在遇到一个标的时,都首先问自己"能不能说不"。

这样的问题虽然简单,却是投资者走出多头思维的第一步。因为综合行业空间、成长趋势、管理质量以及创始人和战略能力等因素,在所有上市公司中能找到千分之一的长期优质标的已经实属不易,投资者规避风险的第一步,就是排除绝大多数不符合条件的公司,实在否不掉的，再按照流程分析来确认是否符合自己的投资要求。

优秀的策略

有人在等待牛市，有人在寻找牛股，相对而言，寻找牛股更接近于投资的本质，但并不是常态。投资的常态是什么？既没有牛市，也没有牛股，投资者需要在日常平淡的市场行情中实现自己的目标。所以对于普通投资者来说，最重要的并不是寻找超级牛股，而是在找不到超级牛股的情况下制定投资策略。

毫无疑问，优秀的公司就像皇冠上的明珠，就像北大、清华一样，在所有的教育资源当中异常稀缺。很显然，对于普通人家，很少有家长一味要求孩子只瞄准北大、清华进行努力，这显然是一种误导，因为考不进去的概率极大。

恰恰相反，家长一般会告诉孩子北大、清华并不是唯一的选择，应该根据自身的实际情况选择高校。从策略上提前布局、在心理上做好铺垫，是大部分家庭的惯常做法。否则，如果让孩子一味瞄准名校，一旦落榜，孩子会茫然失措，迷失自己。

同样，对于股票投资者来说，比寻找优秀上市公司更重要的是寻找优秀的投资策略。什么是优秀的策略？就是首先要适合自己，同时又能达到盈利目标的策略。这一点恰恰被大部分投资者所忽略。选择优秀的公司是基于预测，而优秀的投资策略则是基于现实，实事求是，侧重执行。

优秀的策略需要考虑什么问题？比如说在投资者的整个资产当中，有多大比例投资于债券，有多大比例投资于股票，有多少用于套利等等。股权投资最多能承受的风险是多少？股权投资是否需要设置收益目标，需不需要止盈？什么情况下需要减仓，什么情况下需要增仓？这些都是策略的重要组成部分。

优秀的投资标的可遇不可求，相比较而言，优秀的投资策略触手可及。

与众不同

每位投资者都面对着两条曲线：一条是市场波动的曲线，一条是个人的收益曲线。市场波动的曲线记录着每一天的走势，决定着整个市场的喜怒哀乐；个人的收益曲线只记录投资者进行的交易，反映的是自己的盈亏。

理论上来说，上述两条曲线之间，走势并没有必然联系。只有一种情况例外：投资者买入宽基指数基金，并且一直持有，此时个人的收益曲线和市场会基本接近。除此以外，随着投资者入市的时点不同、持仓的比重不同、持仓的品种不同，个人的收益曲线走势和市场之间会呈现出各种不同的差异。

很少有投资者入市的目的就是为了取得和市场同样的收益。每个人都希望打造一条属于自己的、一直向上的收益曲线，通过对入市时点、资金管理和投资组合等三大关键因素的把握，投资者的收益曲线或许可以与众不同。

接下来说一下入市时机。所有的市场走势都可以分为三类：特别确定的上涨机会、特别确定的下跌机会，以及不确定的机会。如果投资者只在确定性上涨时入市交易，在其余时间保持空仓，很显然可以规避绝大部分下跌风险,把这样操作的收益曲线连接在一起,一定是一条"牛市"曲线,大的调整和自己基本没有关系。

有"牛市"曲线,就有"熊市"曲线,大部分投资者都很清楚,自己的随意交易是造成亏损、步入熊途的重要原因。该出手时就出手,同样一句话,大部分人理解时会把侧重点放在"出手"上,而也有投资者关注的则是"该不该",这涉及两种完全不同的对于股票投资的理解。

一方面,大部分人认为股票投资的目的就是为了获取收益;但另一方面,也有人认为投资首先要规避风险。很显然,如果说入市就是为了获取收益,投资者会希望抓住所有可能的盈利机会,甚至包括条件不成熟的机会,都会尽可能去博取,反倒会形成较大的亏损;反过来,如果投资者理解入市主要是为了规避风险,该出手时才出手,反倒能够显著提升投资的质量。

出发点不同,入市的时点不同,每个人的收益曲线一定不同。以静制动,每个人的牛市可以与众不同。

灯

我女儿比较喜欢看书,经常在家里随意找个地方阅读,完全没考虑到当时的光线是否充足。

虽然我们时常提醒她注意,但收效甚微,一直没有一个有效的机制来解决这种移动阅读的照明需求。

后来,随着创新应用的不断涌现,可充电的移动LED台灯很好地解决了随地阅读的问题。原本极不适合读书的地方,因为一盏灯的出现，瞬间被重新定义为一个完全不同的世界。

一盏灯，通过改变环境，进而改变了原来的认知。也就是说，孩子不是只能去寻找明亮的环境，而是也可以通过改造现有的环境来获得光明。

这样的感受，是不是似曾相识？

投资者在市场当中经常是"靠天吃饭"。绝大多数时间，投资者往往基于环境来决定自己的选择。在一个悲观的市场当中，投资者极大概率会采取空仓或者空头的策略。

其实，悲观还是乐观，取决于能不能找到一盏足够明亮的灯。

谁是穿越调整的灯？

一个行业、一家公司或者一种策略都有可能扮演这种角色，都能让投资者在调整的氛围中乐观坚定。

就行业来讲，过去 20 年，A 股市场表现最好的三个行业是食品饮料、家电和医药；那么未来 20 年，虽然上述行业仍然可圈可点，但最明亮的灯或许来自科技和创新赋能的行业。

《朝闻道》中有这样一句话，"如果说那个原始人对宇宙的几分钟凝视是看到了一颗宝石，那么此后 30 多万年的整个人类文明，不过是弯腰拾起它罢了。"

对于投资来说，也是如此，投资者将目光投向哪里，决定了自己未来 3~5 年的投资方向。

Paypal 创始人彼得·蒂尔将社会的进步归纳为两种形式：一种是水平进步，简而言之，就是照搬已取得成就的经验，进行复制，可以理解为从 1 跨越到 N；另一种形式是垂直进步，指的是探索一条全新的道路，也就是从 0 到 1。

在当今社会，水平进步集中表现为全球化，而垂直进步则等同于科技创新。

关于在长期投资中从0到1的创新科技所带来的改变，彼得·蒂尔总结了他过往投资中呈现出的一种现象。

在他2005年的投资组合中，脸书所创造的利润超过其他所有公司盈利的总和，而排在第二位的帕兰提尔所创造的利润，又超过了除脸书以外其他所有公司的盈利总和。

这样的现象并非偶然，这就是幂次法则。时间越长，具有持续创新能力的科技公司优势会愈加明显，带来的收益超乎想象。

这样的灯，足够明亮。

寻找自己的利好

曾经有一位知名投资者有感而发，认为每个人都是自己本人的价值投资者。

那么如何找到属于自己的利好和价值？大部分人自己的利好和价值显然并不存在于资本市场当中。资本市场的挑战，不仅仅是信息瞬息万变，更是要经历人性博弈层面的考验，有些投资者进入市场多年，还没有找到自己长期盈利的逻辑，对于他们来说，离开资本市场或许就是自己的利好，同时也可以去发现能够真正实现自己价值的行业。

对于普通投资者来说，自身长期价值的实现，还有赖于找到自己的利好。当然，更重要的是，规避不属于自己的风险。

投资者最大的风险是什么？是认知上的风险。翻开上市公司名册，很多经营不善的公司，包括已经退市的企业，动辄都有几万，甚至几十万的股东，真的很让人心痛。因为莫名其妙的原因买入绩差公司，是一个主要的风险来源。

投资者有时会受到这样的误导，认为上市公司都是中国优质公司的代表，以至有新上市公司变脸或者业绩低于预期时，投资者往往会表现得出离愤怒，难以理解。

其实，企业上市只不过是资产证券化的一个过程，和优质与否并没有必然关系，更不会有人为企业的持续增长提供背书。再说，什么是优质的标准呢？企业上市，只是从理论上来说，在发行的时点要符合发行的标准。既然没有人为上市公司长期业绩波动的风险承担责任，毫无疑问，选到"烂苹果"的风险一定是投资者自己承担。

另外，市场整体的走势是一个非常务虚的问题，除非投资者购买指数基金，否则市场的涨幅很难变成个人的福利。千万不要以为市场上涨了，投资的标的就会随之走强。短期可能如此，长期来说，两者也没有必然关系。

即使市场处于低位，大部分公司未来也未必有持续成长的机会。每当底部迫近，投资者更要斟酌手中的筹码，不要把资金投给毁灭价值的公司。

寻找自己的利好，寻找低估值的持续成长企业。

第九章 控制风险

在价值投资当中,控制风险所扮演的角色,就是设想投资旅程中可能出现的各种风险点,提前制定预案。如果风险点全部化解,一定会平安抵达终点。这一章既关注投资中可能存在的典型风险,更重视"防患于未然"的预警机制,具有重要的战略意义,所以这一章也是本书篇幅最长的一章。

关注风险

投资者的自我欺骗

在生活和投资中,有很多令人费解的事情。

下面先来看一个例子。

假设在一所高中,往年毕业生被重点大学录取的比例只有10%,那么对于身处其中的每一位同学,会怎样看待自己的录取前景?相信绝大多数人都会觉得自己和重点大学无缘,其中既包括平时成绩不好的同学,同时也不乏平时成绩佼佼者。因为在一场充满不确定性的竞赛当中,大部分人会变得更加保守,同时也会付出更多努力,以增加自己胜出的概率。

如果同样的场景发生在股市当中会怎么样？统计数据显示，股市中投资者长期盈利的概率大概只有10%，同上面重点大学的录取概率相当。但是看看身边的投资者，绝大多数人甚至都没有思考过概率的问题，觉得自己一定属于那幸运的十分之一，而本该有的风险意识和持续学习则无从谈起。

同样是10%的概率，为什么参与者的心态会截然相反？一边是信心不足，另一边则是自信满满。

有人可能会从股市可以轻松止损、试错成本低等角度加以解释，认为股市投资不像人生选择那么沉重；而高考录取程序极为严格，没有什么侥幸可言。

其实这是投资者无意识中的自我欺骗。

投资的试错成本低只是一种假象，多少人，多少时间，多少财富仅仅因为投资者对于盈利心怀憧憬而付诸东流。所谓股市人生，就是说股市是人生的缩影。

一般来说，如果人们参与一个风险事件，比如说跳伞、赛车，或者蹦极，大家都会把风险放在非常重要的位置进行考量，关注有哪些安全措施可以用来以防万一。这种防范机制已经成为一种共识。

毫无疑问，投资也是一个风险事件，而且风险度极高，虽然目前投资者入市会有风险测评，但是形式上的风险防范与投资者潜意识中的自我约束还有距离。

有人将投资者的不理性归结于人性，那么人性深处会不会容许自我欺骗？所谓投资要反人性，是不是就是要面对这样终极的灵魂拷问？

我在和孩子们交流时，曾经问过他们这样一个问题：你们每天的学习是在学什么？答案写在他们困惑的眼神中，他们认为毫无疑问是学知识啊。我说学知识当然很重要，但是还有两件事情的重要性排在学知识之前。首先，是学习的态度。比如说要终身学习，持之以恒，胜不骄、败不馁，学习专注以及严谨治学的态度等等；如果没有正确的学习态度，就本末倒置了。其次，是学习的方法。磨刀不误砍柴工，方向正确的前提下，效率也很重要。比如通过查缺补漏、日积月累等等。哪里有什么事半功倍，学习需要下笨功夫。在态度和方法正确的前提下，知识的积累水到渠成。

对于投资来说，也是同样的道理。

"炒"出来的风险

在A股市场当中，短线投资者对于"涨停"行情情有独钟，市场中有专门设置的涨停板块、涨停敢死队以及追涨停策略等等，反倒是对于如何控制风险、如何控制回撤，探讨的声音少之又少。接下来就通过一组表格看一下，如果不注意控制风险，即使投资者能经常抓到飙升的黑马，长期来看是一种什么样的结果。

针对不同的投资风格，先来做一个量化观察。

下页表中列出了三种假设情形：第一种情形是高收益、高回撤，就是赚钱时每年可以赚到40%，但是波动很大，第二年亏损时也要亏掉40%，这样十年交替下来，100万元的初始投资只剩下41.82万元。第二种情形，年度收益和回撤都是20%，这样十年之后的结果是多少？100万元还剩下81.53万元。第三种情形把收益和亏损的波动幅度进一步降到10%，按照这样测算，100万元在十年之后是95.09万元。

	第1年	第2年	第3年	第4年	第5年	第6年	第7年	第8年	第9年	第10年
年收益率	1.40	0.60	1.40	0.60	1.40	0.60	1.40	0.60	1.40	0.60
累计收益率	1.40	0.84	1.17	0.70	0.98	0.59	0.82	0.49	0.69	0.41
资产总额（万元）	140.00	84.00	117.60	70.56	98.78	59.27	82.98	49.79	69.70	41.82

（年波动率40%）

	第1年	第2年	第3年	第4年	第5年	第6年	第7年	第8年	第9年	第10年
年收益率	1.20	0.80	1.20	0.80	1.20	0.80	1.20	0.80	1.20	0.80
累计收益率	1.20	0.96	1.15	0.92	1.10	0.88	1.06	0.84	1.01	0.81
资产总额（万元）	120.00	96.00	115.20	92.16	110.59	88.47	106.16	84.93	101.92	81.53

（年波动率20%）

	第1年	第2年	第3年	第4年	第5年	第6年	第7年	第8年	第9年	第10年
年收益率	1.10	0.90	1.10	0.90	1.10	0.90	1.10	0.90	1.10	0.90
累计收益率	1.10	0.99	1.08	0.98	1.07	0.97	1.06	0.96	1.05	0.95
资产总额（万元）	110.00	99.00	108.90	98.01	107.81	97.02	106.73	96.05	105.66	95.09

（年波动率10%）

通过对比可以清楚地看到，波动幅度越大的交易模式，对财富的损毁程度越严重。而对于风险承受能力越低的投资者，资产贬值的程度会越小。这也可以说明那些牛市中收益非常彪悍的投资者，为什么到头来业绩平平，甚至亏损，原因主要是对于风险的失控。

关于投资盈利，也假设了三种情形（见下页表）：第一种情形是第一年盈利30%，第二年回撤20%，随后盈利和回撤交替出现；第二种情形是盈利20%，回撤10%；第三种情形是盈利10%，基本不回撤。在初始值为100万元的情况下，三种情形在十年之后的资产总值分别是121.66万元、146.93万元和169.26万元。第三种情形仅仅因为没有出现回撤，最终的累积收益反而最高。通过比较可以真切感受到巴菲特、罗伊·纽伯格等海外投资大师所强调的先生存后赚钱，千万不能损失本金到底蕴含着什么样的意义。

对于股票投资来说，最重要的一定不是个股的选择，而是在潜意识当中对于风险的认知。从十年时间跨度的大格局来看，投资者的最终业绩已经提前被自己对风控的理解所决定。

市场当中唯一不变的就是变化，所以不管曾经有多么辉煌的业绩，如果在风险控制上存在瑕疵，即使收获过再多的牛股，最终收益也可能会毁于一旦。

关于热点的冷思考

热点和题材是市场中经久不息的一个主题，那么在炙手可热的题材面前，如何进行评估，究竟能不能跟进，是大部分投资者面临的现实问题。以新能源汽车行情为例，是这一代投资者能够遇到的为数不多的大级别行情。但即便如此，也未必意味着投资者马上就

第九章 | 控制风险

	第1年	第2年	第3年	第4年	第5年	第6年	第7年	第8年	第9年	第10年
年收益率	1.30	0.80	1.30	0.80	1.30	0.80	1.30	0.80	1.30	0.80
累计收益率	1.30	1.04	1.35	1.08	1.40	1.12	1.46	1.16	1.52	1.21
资产总额（万元）	130.00	104.00	135.20	108.16	140.60	112.48	146.23	116.98	152.08	121.66

（第一种情形）

	第1年	第2年	第3年	第4年	第5年	第6年	第7年	第8年	第9年	第10年
年收益率	1.20	0.90	1.20	0.90	1.20	0.90	1.20	0.90	1.20	0.90
累计收益率	1.20	1.08	1.29	1.16	1.39	1 259 712.00	1.51	1.36	1.63	1.46
资产总额（万元）	120.00	108.00	129.60	116.64	139.96	125.97	151.16	136.04	163.25	146.93

（第二种情形）

	第1年	第2年	第3年	第4年	第5年	第6年	第7年	第8年	第9年	第10年
年收益率	1.10	1.01	1.10	1.01	1.10	1.01	1.10	1.01	1.10	1.01
累计收益率	1.10	1.11	1.22	1.23	1.35	1.37	1.50	1.52	1.67	1.69
资产总额（万元）	110.00	111.10	122.21	123.43	135.77	137.13	150.84	152.35	167.59	169.26

（第三种情形）

要投身其中。

一方面，新能源汽车产业链内部良莠不齐，有主有次，需要做充分的功课来区别对待，只有抓住真正的龙头，才能享受真成长的长期收益；另一方面，在投资节奏上也需要实事求是。新能源汽车这样的宏大主题是一个长期行情，机会的把握不必在朝朝暮暮，在市场热情最高时，往往是阶段性变现的好时机。

投资者在市场中有两个使命：一个是投资盈利，另一个更重要的使命是规避风险。与得到500元所收获的快乐相比，失去500元所感受到的心烦意乱要严重得多。既然收获的喜悦完全无法抵消失去的痛苦，投资的收益同样难以弥补亏损所带来的伤害。因此，投资者需要持续调整关于风险和收益的态度，直至在潜意识当中把规避风险作为投资的首要诉求。

那么，从规避风险的角度来说，火热的行情究竟是会带来利润的行情，还是会带来亏损的行情？投资者是准备等待一天、一周或者一月之后再参与？还是参与之后等待一周、一月或者一年之后再退出？在火爆的市场热点面前，等待的投资者也许比积极参与的人其实有更多机会。

投资者是对自己的风险承受能力负责，而不是对市场的热点负责。入场与否，可以做一个简单测试：一笔投资，如果投资者被套之后不知道如何处理，最好的选择就是将其放弃。

巅峰（物极必反）

2020年11月13日，市场上出现了一个不同寻常的标志性事件。在美股上市交易的某家中国新能源汽车公司的换手率超过40%，成交额达到 273 亿美元，问鼎美股全市场成交额的榜首。

排在第 2 名和第 3 名的分别是亚马逊和苹果，这两家公司当时的市值分别是 1.5 万亿美元和 2 万亿美元，而中国这家造车新势力的市值却只有 660 亿美元。

如果从换手率的角度来讲，这并不是这家造车新势力历史上的最高换手率，在 2020 年 7 月，它的换手率曾经接近 50%。只不过当时的股价低，对应的成交额只有 60 亿美元。

在此之前，在美股上市的中国造车新势力，股价都出现了放量大涨，把投资者推到了这样一个十字路口：一方面，长期看好中国新能源汽车的发展前景；但另一方面，成为全球成交额最大的公司，本身表明在这个时点基本没有什么低估可言，反而大概率会面临阶段性高估。

我曾经试驾过特斯拉以及国内主要的几家新能源汽车公司的产品。从技术上而言，毫无疑问特斯拉走在前面；但是从对中国国情的适应性来讲，个人感觉特斯拉拱手将三线城市以下的市场让给了国内的竞争对手。

从这个角度来讲，目前尚不是国内新能源汽车公司的市值终点，但罗马不是一天建成的，一般当市场情绪极为高涨时，行情的逆转将大概率出现。

备注：截至 2023 年底，这家公司的市值和当天相比，已经跌去八成以上。

强行平仓

每当指数剧烈波动时，强制平仓的消息就会在市场中流传，在这样的场景中，至少有三类投资者受伤最严重：融资做多、做空以及设置有清盘条款的私募基金，而这三者的共性就是，在极端行情出现时，它们大概率会触发强行平仓，倒在黎明前的黑暗当中。

具体而言，对于使用杠杆的投资者，包括多空，在浮亏达到一定幅度，而且不能追加保证金的情况下，交易权将被接管。为保障资金方的安全，需要把融资者的资产按照市场价格强行平仓。有经验的投资者都很清楚，在市场波动的极端时刻，冲在最前面的最为激进的交易者往往都是强行平仓盘，极为惨烈。可想而知，在强行平仓之后，扣除资金方的本金，杠杆投资者已经所剩无几，甚至还将背负债务。

对于国内的私募基金经理来说，如果仓位控制和品种选择不当，会触发清盘条款，在市场低位清空仓位，这样的操作和价值投资逢低买入的理念背道而驰。

如果说股权投资已经属于投资市场当中的高风险区域，那么融资做多或者做空，又是高风险中的高风险，其中做空的风险相对于加杠杆做多来讲，更是有过之而无不及。在巴顿·比格斯所著的《对冲基金风云录》当中，他历数了华尔街历史上著名的空头，很多是以自杀身亡走向交易的结局。

既然注定是不归路，为什么很多投资者还会主动接受这种可能剥夺自己理性交易权利的条款？

投资者之所以从事融资交易，心里憧憬的是有风驶尽帆，先赚一把快钱，然后等到风险来临时再抽身而退。

真的能全身而退吗？

我经常陪孩子参加足球训练，他在无球状态下有时会出神，但是对于五人制球场来说，球从球场的任何一个角落飞到他脚下的时间，也就是一两秒钟，所以任何时间不在状态都可能被球突然"袭击"。

彼得·林奇曾经说过类似这样一句话，就是在任何一个交易日，行情都有可能出现崩盘。也就是说，他的组合要应对市场随时卧倒这样的风险考验。

在投资市场上，任何一个瞬间都可能风云突变，而且也一定有那么一个瞬间，或有损失变成永恒。带着这样的认知和思考进入市场，投资者才能有备无患。

对于所有被强行平仓者，事后重复最多的两个词估计是"没想到"和"来不及"。投资者所能做的，不是在极端时刻去比拼速度和执行力，而是以终为始，在日常做好风险控制。

从盈利模式上来讲，作为长期价值投资者，没有理由不远离这种瞬间归零的交易场景。

缩水 90%！

说到股票投资，人们总会联想到各种风险。但是对于 A 股投资者来说，对一种长期风险却未必了解。

2018 年，第三方曾经做过一个统计，2018 年最后一个交易日，沪深全部上市公司，按照市值从大到小排序，后面 1/2 数量的公司在全年的成交额，和全部上市公司的成交额会有一个比例，是 23.2%。

23.2% 是什么概念？在全球其他主要国家和地区的资本市场，这个比例又是多少？

大家可能想到比 A 股低，但一定不会想到会低到什么程度。

现实真的非常残酷！

（2018 年 1 月 1 日—2018 年 12 月 31 日）

	2018年市值后50%的股票年度交易额占比（%）	股票数量（只）
中国	23.2	3 567
美国	2.0	7 053
英国	0.8	2 698
德国	0.2	1 571
法国	0.9	1 095
日本	4.8	3 905
韩国	8.7	2 834
新加坡	1.1	661
中国香港	2.0	2 314
中国台湾	4.6	2 094
印度	0.2	4 216
平均	2.5	

看上面这张表格，在列出的除 A 股之外的 10 个市场当中，其中有 4 个市场，这个比例没有超过 1%！占全部上市公司总量一半的公司，合在一起只占到全市场成交额的不到 1%！

虽然有点"夸张"，但这应该是 A 股市场格局的变动方向。上述 10 个市场的平均水平是 2.5%，这意味着和这个平均水平相比，A 股的这个比例有接近 90% 的缩水空间。

时隔 5 年之后，2023 年底，再次统计时，这次 A 股的这个数据已经下降到 11.5%，5 年的时间里下降了 50%，但是和 2.5% 的平均水平相比，依然还有 80% 的下降空间。

虽然谁都不清楚这个过程会经历多久，但是并不妨碍投资者未雨绸缪，学习从大市值上市公司中寻找投资机会，规避尾部公司持续缩量所带来的系统性风险。

听上去有些耸人听闻，但这绝非危言耸听。

我曾经和一家百亿元私募基金的创始人交流，他讲了一个非常痛苦的经历。他曾重仓过一家小市值公司的股票，最高持仓达到300万股。买入时并没有考虑流动性问题，但当他准备卖出时，市场正遭遇调整，让他最痛苦的并不是股价的下跌，而是市场最低迷时，这家公司一天的成交量只有5万股。

他当时的心情是绝望的。

所以不难理解，在海外成熟市场，大市值公司会出现溢价，其实就是流动性溢价。对于资产管理机构来讲，流动性的诉求一定超过盈利的诉求，流动性是对资产价值的一种保护。

有投资者可能会想，自己钱少，不必担心流动性的问题。A股市场上大家常提到一句话：量于价先行，伴随着个股成交量极度萎缩，股票的价格会去向何方呢？

巴菲特的这句话，谁做到了？

巴菲特曾经说过，价值投资者要牢记两点：一是不要亏损，二是永远记住第一点。

这条原则看似简单，但是即使对于机构投资者也是极大的挑战。比如2018年，所有股票型公募基金都亏损了，无一幸免。很显然，对于基金经理来说，要么是没把这句话当回事，要么是执行起来实在有难度。

作为机构投资者，对于巴菲特的理念一定是耳熟能详，应该说压根不往心里去的可能性不大。那么问题一般就是出在第二点：到底怎么执行？

执行层面的效果主要取决于两点：首先是投资者的预期，其次是在合理预期的前提下如何进行操作。

从预期的层面考虑，如果投资者的收益预期比较高，在操作上就会比较抵触轻仓甚至空仓，那么在泥沙俱下的情况下，想不亏损只能是一种美好的愿望。

一方面是降低预期，另一方面要大胆地去做减法。

投资者之所以买入标的，肯定是受到各种"利好"的诱惑。但是客观来讲，投资者眼中的各种利好，其实只是未来的一个概率，将来的实际走势会面临多种不确定性。

所谓做减法，就是要放弃那些小概率或者中等概率的"利好"；随着设定的门槛越砌越高，进入投资者"法眼"的标的会越来越少，确定性也会越来越大。

橡树资本联合创始人霍华德·马克斯曾经说过："在我看来，设法避免损失比争取伟大的成功更加重要。后者会在某一天实现，但偶尔失败可能会导致严重的后果。前者可能是我们更常做的，并且更可靠，失败的结果也更容易接受。"

最大的风险（了解自己）

很多年前，有人曾经问过我一个让他非常困惑的问题：股票投资怎么可以作为一种职业呢？多年以来这个问题时常浮现在我的脑海当中。

是啊,"炒股票"怎么可以当做一种职业呢?尽管股票市场在中国已经存在了 30 多年,但是直到目前,高风险和股票投资还是如影随形,谈股色变已经深深根植于公众的内心。面对喜怒无常的市场,再加上阴晴不定的投资者情绪,股票投资怎么看都不是一个让人放心的行业。

但很有意思的是,那些谈股色变的人,恰恰对于市场风险的形成缺乏严肃思考,当然他们也很少考虑如何有效规避投资风险。不仅如此,有人反其道而行之,采取非理性行为,又进一步放大了风险。

股票市场就像一面镜子,投资者怎么对待它,它就怎么对待投资者。当你觉得它具有高风险时,是因为你对它选择了一种高风险的互动方式。

股票投资的风险,其实主要取决于参与者本身。因为在一个充分博弈的市场当中,一个人眼中的风险,可能是别人眼中的机会。

Paypal 创始人彼得·蒂尔本身就是一位创业投资者,他有一个这样的判断:如果进行一项投资,周围的人高度认同,那么这样的投资未来会面临很高的竞争风险;同理,如果投资时遭遇周围人的集体反对,反倒为未来的成功留出了很大的想象空间。

因为凡是绝大多数人都认同的生意,会吸引越来越多的人加入,未来的竞争会日趋激烈。反而是那些阻力重重的项目,如果投资者拥有深刻的理解和执行能力,反倒会有更高的成功概率。

这种反人性的存在,恰恰给投资留下了巨大的空间。那些大家一致认可的方向,在估值上必然已经充分体现,甚至有过之而无不及；而那些不被市场看好的项目，估值则处于洼地，未来预期反转一定会带来股价的反转。

低估的股价和巨大的预期差，既是成功投资的前提，也是一对理想的搭档。

如果投资标的正处于鲜花和掌声当中，这应该引起投资者潜意识当中的警惕，它离巨大的涨幅将会渐行渐远。反而是那些存在巨大分歧的选择，更容易引起成功投资者的关注，因为在那里更容易发现低估、发现预期差。

虽然投资者往往说眼见为实，但是也往往被眼睛所欺骗，最终能规避风险的，只能是理性的思考。

投资者都有过这样的经历：虽然导航仪上显示 A 路线耗时会明显优于 B 路线，但是 A 路线在你面前的这段路却拥堵不堪，而 B 路线呈现在眼前的这一段则一路畅通。

感性者往往会选择 B，而理性者会选择 A。

每个人的内心都有一个感性的自己和理性的自己，投资是一种博弈，成功的博弈结果并不是一城一地的得失，而是逐渐让理性的光辉闪耀在潜意识当中。

投资者在大量探讨风险时，往往忽略了这样一个事实：投资最大的风险来自投资者本人。

投资者如果把关注外部风险的一小部分时间转而用于关注自己的内部风险，像分析投资标的一样关注自己决策流程上的风险隐患，那么自己所面临的投资风险将会显著降低。

防范风险

预测，是矛还是盾？

我经常思考这样一个问题：投资预测在投资策略当中，应该扮演什么样的角色？

这个问题乍看上去显得有些多余，根据投资预测，结合上市公司目前的估值，找到并买入性价比最高的标的，预测一直不都在扮演这样的角色吗？确实，我也曾经这么以为，直到市场进入非理性阶段。

投资决策是一个主观行为，而投资预测是一个相对客观的行为。面对同样的预测结果，不同投资者的决策也不尽相同。投资者在使用投资预测时，正常场景下是基于理性假设，符合逻辑，但是当市场处于非理性状态时，上述这两个前提都不存在，导致投资预测的作用会打折扣。

虽然投资者常说，短期感性主导市场，长期理性主导市场，但是非理性也有可能长期存在。就像吸烟有害健康一样，虽然吸烟对人体有确定性损害，但是全球吸烟人数依然高达 11 亿人，从理性的角度来说，这一点很难理解。同样，投资者在贪婪和恐惧的驱使下，非理性交易行为可能会长期存在。只不过在正常的市场环境下，理性交易行为会占据上风，但非理性情绪会在极端情况下主导市场，虽然短暂，但是危害极大。

如果投资者将市场看成理性和非理性各半的混合体，那么将如何来使用投资预测呢？

在理性的市场状态下，如果一家公司的股价目前是 10 元，目标价是 50 元，那么投资者会现价买入，等待收获；在非理性状态下，公司的基本面并没有发生变化，目标价还是 50 元，但是在极端情绪的裹挟下，公司股价可能会下跌到 5 元甚至更低。

在第一种市场状态下，投资预测更像是矛，很尖锐，当投资者发现这样的标的时，会很兴奋，迫不及待地买入，等待收获；但是在第二种市场状态下，投资预测的作用更像是盾，会重点考虑市场极端情绪的冲击，价格是不是已经到了跌无可跌的水平，此时防御性特征更为突出。

在此基础上，投资策略会有两种选择：主动型和应对型。简而言之，主动型就是发现符合预期的标的买入并持有，而应对型则是充分考虑到市场的非理性特征，留出充分的流动性来应对市场出现的变化。

主动型策略的投资是基于正常的市场环境，相信市场最终会给优秀的公司相应的估值；应对型策略认为非理性场景总会出现，水落石出后的选择好过事前的预测，当然，应对型策略的风险在于极端场景并没有出现。

从投资实践的角度来说，很多投资者会同时使用两种策略，像伯克希尔哈撒韦公司的现金持有比例常年保持在 20% 左右，对于个人投资者，这个比例可以更高一点，因为投资者并不知道，长期来看，主动型操作的资金和应对型操作的资金，谁的长期收益率会更高一些？

最大的遗憾

每个人都有很多遗憾，而且随着年龄增长，遗憾会越来越多。对于投资者来说更是如此，在投资的历程当中，遗憾难以避免，如影随形。

在人们的大多数生活场景当中，遗憾是被动的、无奈的，但是在投资当中，遗憾也可以是投资者主动争取的一种结果。

投资总是要面对风险，"初闻不知曲中意，再听已是曲中人"，时间久了，当初曾经不以为意的风险，到头来会一个不落地在自己身上出现。如何看待和规避风险一定是投资者制定策略的重要组成部分。那么在一段新的旅程开始时，如果一定要面对风险，我一位朋友的回答值得借鉴。

少赚一点钱！

有朋友看到这样的选择，估计会笑出声来，简直是凡尔赛嘛，少赚钱也是应对风险？

当然。

投资者面临的投资风险主要有两种：一种是套牢；另一种是踏空。如果要主动降低收益预期，就要降低仓位，这不可避免要面对踏空的风险。不过，此风险非彼风险，踏空并不会造成资产的绝对损失。所以"踏空"是一种主动承受风险的选择，可能会带来遗憾。

风险和收益是一枚硬币的两面，既然踏空要承受风险，那么它带来的收益是什么呢？股票市场的波动是双行线，未来股价可能会暴涨，也可能会暴跌，仓位降下来之后，在回调当中面临的风险会显著下降，从另外一个角度来说，这就是一笔丰厚的相对收益。

大部分时间，投资者潜意识当中希望利益最大化，希望赚快钱，希望得到即时满足，所以愿意上杠杆，愿意大量买入，愿意短线交易，这些都是符合人性的行为，但是未必会有收益。

下面设想两种场景：一种场景是投资者所持有的股票价格暴涨，尽管已经持有很高的仓位，但是投资者依然会想为什么没有把仓位再提高一点，或者用更高的杠杆。

另外一种场景恰恰相反，当投资者所持有的股票价格暴跌时，他会无数次后悔为什么在高位没有及时减仓，如果再有一次机会，自己一定会全部清仓。

上面这两种场景投资者都非常熟悉，一般来说，高仓位上涨和低仓位下跌都是一种理想的场景，而且反之亦然，低仓位上涨和高仓位下跌都应该回避，但是忽略了究竟要回避的是什么。

具体来讲，高仓位下跌会带给投资者绝对损失，而低仓位上涨所带来的仅是相对损失，对于长期复利的积累来说，这完全不是一个概念。

上述两种场景的不同并不仅仅反映在损失的多少上，而是生存问题。低仓位出现上涨不仅不会危及生存，而且会带来一定的收益；但是高仓位甚至带杠杆下跌，可能导致后续就无法在这个市场生存。最初量的差距最终导致的是质的区别，认识到这一点，会帮助投资者遏制拉满仓位甚至上杠杆的冲动。

长期来讲，最值得投资者持续关注的核心因素只有一个标准——是否具备持续盈利能力。如果具备这种能力，即使保持普通的仓位，假以时日，也会收获不俗的业绩；如果盈利能力问题这个基本问题没有解决，盲目增加仓位，欲速则不达。

除了位于金字塔顶端的极少数优秀选手之外，普通投资者在仓位上完全没有必要对自己要求过高，学会接受少赚一点的遗憾，把主要关注点聚焦于盈利能力的持续增长。

止 损

资本市场上有些焦点问题一直存在着明显分歧。同一个问题，不同风格的投资者往往会有着截然不同的认识。要不要止损，就属于这样的情况。

对于交易型投资者来说，特别是在衍生品交易当中，止损是交易的铁律，严肃性不容置疑。但是对于价值投资者来说，未必认为有止损的必要，他们可能会奉行越跌越买的投资策略。很可能在交易型投资者离场时，恰恰是价值型投资者的买入良机。所谓互道"珍重"，有可能就是再现了这一场景。

对于交易型投资者来说，所关注的只是短期价格波动，一旦触及事先设定的止损线（有可能是跌幅，也有可能是均线等等），立即无条件止损；但是对于价值型投资者来说，所谓不需要止损，是指不需要进行价格的止损，但是并不否认止损的逻辑依然存在。当一家公司的基本面出现恶化等原因导致看好的逻辑不复存在时，止损依然需要义无反顾。

因此，交易型投资者会针对价格进行止损，而价值型投资者会针对逻辑进行止损。也就是说，投资者都会有犯错的时候，亡羊补牢，止损必不可少。这是一种挑战，也是资本市场的魅力所在。

几乎每一位投资大师级的人物都用过"止损原则"，都讲述过不止损的种种故事。其中，威廉·欧奈尔讲述的火鸡故事可以说最为精辟。

故事是这样的：有一个人布置了一个捉火鸡的陷阱。他在一个大箱子的里面和外面都撒了玉米，大箱子上有一道门，门上系了一根绳子，他抓着绳子的另一端躲在一处，只要等到火鸡进入箱子，他就拉扯绳子，把门关上。一天，有12只火鸡进入箱子内，然后有1只溜了出来。他想："我等箱子里面有12只火鸡后，就关上门。"然而他在等第12只火鸡回到箱内时，又有1只火鸡跑出来了。他想："我等箱内有11只火鸡后，就拉绳子好了。"可是他在等待的时候，又有3只溜出去了。最后，箱内1只火鸡也不剩。

这个例子，既适用于价格止损，也适用于逻辑止损。

不赚就是赔还是少赔就是赚？

投资者都生活在预期当中。股票是经济的晴雨表，投资标的的涨跌主要反映的是预期变化；投资者的喜怒哀乐也主要基于对近期盈亏的预判。等到实际盈亏兑现时，反倒如释重负。在投资者的记忆当中，随着时间的流逝，很难有一段盈亏刻骨铭心。

每当有一轮新的炒作如火如荼，总是有很多投资者踏空的落寞跃然纸上。和一轮暴涨擦肩而过，好像就是莫大的损失。投资者的焦虑和煎熬，很大程度上来源于对一个根本性问题混淆不清。

朋友们在一起曾经探讨过这样一个问题：投资者往往把少赚钱

和赔钱混淆为杀伤力等同的两种投资行为，甚至对错过赚钱的机会比真正赔钱还要焦虑。在短线暴涨面前，有的投资者跃跃欲试，有的投资者心静如水，其根源就在于对盈亏的认识不同。

毫无疑问，少赚钱对于投资者没有任何损失；但赔钱确确实实在伤害着本金。即便是从相对收益的角度考虑，短期错过机会可能让投资者的业绩落后于比较基准，但是从足够长的时间跨度来看，这样的影响基本可以忽略。而从长期复利的角度来讲，二者的影响却有着天壤之别。

巴菲特曾经在买入一家公司之前观察了十年，从以上所讨论的话题来看，他这样做不知道错失了多少次"机会"，但是这并没有影响他长期保持超过20%的复利增长。对于投资这场马拉松比赛来说，短期的加速跑都毫无意义，还有可能弊大于利。

对于长期投资而言，正确的方向永远比效率更重要。如果从效率角度分析，不亏损则是有助于长期复利增长的重要因素。就像分析航空股，影响业绩的因素有很多，油价、票价、汇率等等，但是最核心的变量是客座率。不亏损之于长期投资的业绩，就像客座率相对于航空公司的收益，是最核心的变量。

虽然少赚不是赔，但是少赔就是赚。从这个角度可以说明，在题材满天飞的市场当中，很多成功的投资者为什么依然能够气定神闲。这方面最典型的代表就是著名的百岁投资大师罗伊·纽伯格，在他68年的投资生涯当中，经历了27次牛市和26次熊市，但是没有一年出现亏损。他也是唯一同时在华尔街经历了1929年大萧条和1987年股市崩盘的投资者，不仅两次都免遭损失，而且都取得了骄人收益。

对于投资者来说，盈利是上帝的事情，自己的首要任务就是避开损失。

承受风险

当市场进入调整期时，行情分化，投资者的业绩也出现了分化。很多投资者，包括有的机构投资者在过去这两年因为判断失误所造成的业绩差距，需要整个职业生涯去追赶。

投资者提到风险，往往指的是绝对概念，就是遭受了投资损失；但是相对概念也很重要，甚至更为重要。相对风险指的是什么？在市场当中，从管理层到普通投资者，大家对于风险的认知，包括风险承受能力，以及对风险的理解会有一个平均水平。

这个平均值反映的是全市场的平均承受能力，也可以理解为以此为基准来确定风险防控的底线。市场在达到大部分投资者的承受底限时，大概率会迎来转机，所以投资者要确定自己投资策略的风险承受能力是否在全市场的底线之下，这是影响持续生存能力的一个重要变量。

承受风险的能力低于平均水平，是投资者亏损以及退出市场的一个重要原因，也是投资者应当避免出现的风险。至于是什么导致了投资者的承受能力偏弱，既有仓位的问题，也有选股的问题。其中一个常见的原因还是源自使用杠杆，这会在风险来临时导致投资者资金链断裂，承受风险的能力崩塌。

除了高杠杆带来的高风险，还有一个需要规避的风险是心态崩溃，这和投资者对于市场的认知，特别是心理预期有很大关系。多年以前，有一位朋友在经历过熊市末期的一次急跌之后，虽然亏损幅度和大家基本相当，但是持续下跌之后的再一次急跌，导致他心态彻底崩塌，清仓离场。在其他人眼中黎明前最黑暗的时刻，对于他却成为永恒。包括仓位、投资品种、对市场的认知以及盈利模式等等，这些因素都决定着投资者在市场的剧烈波动之中持有怎样的心态。

以终为始，专注基本面研究，降低盈利预期，增加风险意识，会改善投资者的投资流程和心态，提高风险承受能力。

边　界

先来看一个笑话。

从前有位乡下的老奶奶不认识字，她首次进城，看到很多人戴着眼镜看书看报纸，老奶奶心想，眼镜这东西真神奇，只要戴上它就能认识字！所以她也买了一副……

在这个笑话当中，老奶奶心目当中的神奇眼镜并不存在；但是在股市当中，很多投资者却以为自己拥有了这种神奇的力量。只要遭遇市场热点，很多投资者立马化身为无所不能的神。不管是多么高精尖的技术，不管属于哪个行业，投资者都可以跨界驰骋。

查理·芒格曾经讲到过买入股票的两种动机：一种是基于基本面，大概是以合理预测未来产生的现金为基础，对其价值进行评估，然后据此买入；另外一种就像是伦勃朗的画作，之所以买入，是因为过去它的价格一直在上涨。

在芒格看来，上涨显然不能作为买入的原因，所有的泡沫资产在崩盘之前都是一直在涨。

这里讨论的主题是股票投资当中一个重要的概念和行为准则，尽管并没有出现在经典投资理论当中。如果从积极意义的角度来讲，它可以增加投资收益；如果从防御的角度来讲，它可以防止出现巨大损失。

这个主题就是边界。在生活当中，投资者已经习惯于有各种各样的边界。

比如说一个人拿的是 C 类驾照，就不会开 A 类准驾的大客车；

遇到红灯，所有人在潜意识当中都会选择停车；

外科骨折的病人不会去看心内科医生，即使去了，也一定会被心内科医生拒之门外；

…………

很显然，在生活中人们对于边界都是心存敬畏，尽管很多人都没有想过为什么要去敬畏。

其实和上面所列举的这些生活当中的场景相比，从后果来讲，在投资上突破边界所造成的损失会更为严重。所以在一个本该更加对边界有敬畏心的行业当中，边界却很少被提及。

就像本章开头讲的那个笑话，一位普通人一旦变成投资者，似乎立即获得了对各个行业驾轻就熟的神奇力量。

在瑞典，曾经有一个问卷调查的结果显示，90% 的司机认为自己的驾驶水平要高于全国的平均水平！

这是一个很糟糕的现象。在证券市场当中，这样的心理暗示也同样存在。否则很难解释，如果像现实展现的概率那样，在一个小概率盈利的行业当中，为什么参与者却趋之若鹜。

从心理学的角度来讲，人们对于希望参与的事情，内心会倾向于给自己一个参与的理由。投资者往往是自己给自己颁发了一个进入许可，然后在连续亏损之后，再以一种自己可以接受的方式和自己和解。

在很多公募基金公司，一位管理二三十亿元资金的基金经理，自选股的范围大概不会超过 150 只，这是他投资的边界。也就是说，不管市场发生怎样的变化，他都要在这 150 家公司里面进行选择。

结合自己的资金规模和阅历而言，普通投资者的边界是不是应该设置得更理性一些？

从逻辑上来讲，当一个人决定入市时，最好先找到自己的边界，然后再决定投资。

投资的好运气

因为颈椎不舒服，最近我去了趟积水潭医院，这是一家以骨科著称的专业医院。看到密密麻麻的就医人群，看到各种各样的患者，相信任何人对于健康都会有不一样的理解。平常人印象中的一种极小概率的骨折损伤，在医生看来，很难说是一种偶然。

很多病人出现骨折的部位让人完全意想不到，但仔细想来，这些隐患本来就是客观存在，只是出现的概率不高，以至于被人们遗忘了。对于大部分人来说，岁月静好就是一种默认状态，导致自己疏忽了日常的一些风险防控。

投资者面对的也是同样的情形。

投资者往往会对各种"潜在"的利好感到兴奋，很少把小概率的不确定性纳入考虑当中，导致对风险疏于防范。凡事预则立，不预则废，当风险不期而至时，投资者才发现当初给自己预留的回旋空间很小。

说到投资的风险隐患，主要有两种：一种是投资标的里飞出"黑天鹅"；另一种是投资流程上存在隐患。投资者常说要做到精选个股、慎用杠杆等等，这些都属于投资流程方面的基本原则。

有一位连续五年业绩排名居前的基金经理曾经坦言，他持有的个股多次"触雷"，但是对基金的业绩影响不大。究其原因，他采取了分散投资以及降低仓位的策略，因此当单一事件发生时，不会带来系统性伤害。

从上面的事例可以看出，投资标的里飞出"黑天鹅"并不可怕，投资流程上出现"黑天鹅"才是致命打击。

当然，分散投资对于普通投资者未必适用，需要强大的研究力量和决策机制作为支撑，投资者需要结合自身的实际情况来制定有针对性的投资策略。

橡树资本联合创始人霍华德·马克斯认为，投资者往往高估了自己，把过去的投资业绩归功于自己的能力。其实，目前实现的投资结果，只是过去 N 种可能中的一条路径。很多偶然因素的发生导致了业绩的增长。但是，这种增长未必具备逻辑基础和可复制性。

毫无疑问，对疾病和意外伤害的敬畏心理会降低伤病的发生概率，就像投资者对待风险的态度一样。

由衷地敬畏风险，会带来投资上的好运气。

顶层智慧

上兵伐谋，不战而屈人之兵，算得上是作战当中的最高境界。

对于投资来说，也是如此。

投资者常说的宏观分析、行业和个股选择等等，其实都已经进入投资的战术层面。战略层面需要关注的事情并不多，但都很重要。合理预期就是投资当中的一个顶层战略。

根据市场的实际情况，确定合理的，甚至相对保守的预期收益，更容易达成投资目标，回避潜在的不确定性风险。

一家国内领先的私募基金，历史上曾经在七年的时间里盈利五倍。拆开来看，其中除了有一年跟随指数出现了翻倍收益之外，其他时间并没有特别惊艳的表现，但是积累起来的结果却非常突出。

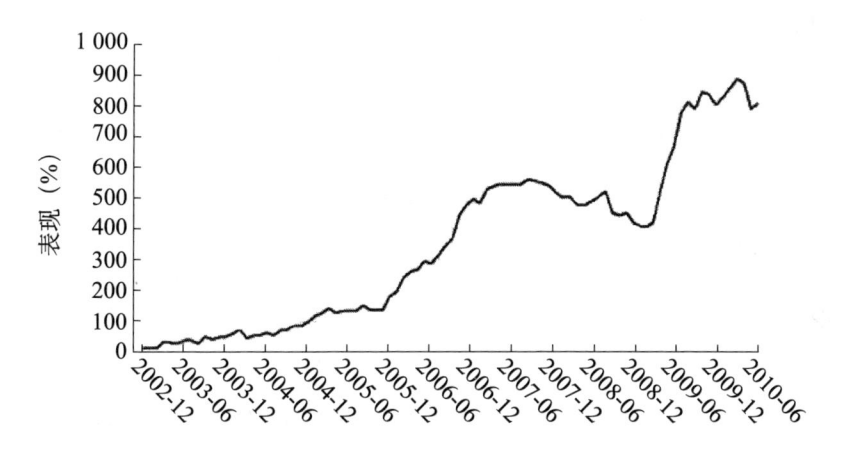

究其原因，虽然大部分时候该基金的业绩中规中矩，但是在七年多的过程当中，只有一年出现过显著亏损，而且回撤表现明显强于大盘。这是它业绩高复合增长的最主要原因。

投资者在理解和追求合理预期时，是不是可以在防守上对自己的预期提高一点，同时在进攻上适度降低预期？这样会不会殊途同归，甚至会取得更好的结果？

如果投资有顶层智慧，少亏损甚至不亏损一定是其中之一。

第十章 留有余地

留有余地在价值投资中所起的作用，类似于亡羊补牢。如果前期策略执行中没有出现意外，留有余地的准备措施大概率不会启动。留有余地，就是当超预期情况发生时有应对措施，就像战场上的机动部队。其中既包括心态方面，也包括资金方面，而最重要的，是有系统性的应对预案。

放弃完美

关于放弃完美这样的话题，乍一听可能会觉得有点吃惊，因为一般而言，人们做事情崇尚工匠精神，总是希望能追求完美，把事情做到极致。

讨论放弃完美，并不是否定工匠精神，而是在投资的环境当中就事论事，因为就投资而言，追求完美有可能过犹不及，将自己暴露在本来可以避免的风险当中。

什么是投资当中的完美？

当然是买在最低点、卖在最高点，妥妥的人生赢家。即使退一步讲，也是买在底部区域、卖在顶部区域。很多朋友可能会说，这怎么可能呢？虽然不可能，但是想一想当投资者真的置身其中时，是不是一直在和追求完美的想法博弈？

其实对于理性的机构投资者而言，也并未把追求完美当成自己的投资策略，而是放弃完美，退而求其次。

具体而言，崇尚长期价值投资的机构主要有两种交易策略：左侧交易和右侧交易。所谓左侧交易，就是在调整行情当中，如果根据基本面分析，股价已经进入"伏击圈"，投资者就会执行买入，而不是和市场博弈，等待更低的价格出现。也就是说，投资者的买点出现在最低点的左侧；同理，等到底部明确之后的买入行为，就是右侧交易。买入如此，卖出也是如此。

如果用完美程度来衡量，最低点要比右侧交易完美，右侧交易要比左侧交易完美。但是右侧交易者依然没有放弃完美。

为什么这样说？右侧交易者关注的并不仅仅是当时公司的投资价值，还要考虑是否能够最大限度地规避市场波动的风险，每天需要回答买还是不买、卖还是不卖这样的灵魂提问。

价值投资者如果将规避市场的波动风险纳入自己的交易体系，已经超出了自己的能力圈，是内心追求投资博弈的表现，长期而言，也是一项不可能完成的任务。

所以，严格来讲，从放弃完美的角度来说，只有左侧交易才是价值投资的唯一选择。也就是说，如果按照最悲观的假设，当时股价对应的公司价值已经被明显低估，即使市场和公司股价大概率还要进一步下行，投资者也会果断买入；同样，当股价出现明显高估时，在左侧果断卖出。

左侧交易是对基本面负责，而不是对市场波动负责。基于公司价值的投资模式本身不需要参与市场的价格博弈，很多左侧交易者事后回想起来，给自己留下最深印象的，往往是那些在市场底部极具价值，但股价依然暴跌时敢于亮剑的激烈场景。

至于底部买入之后又下跌了多大幅度，从来没在自己的记忆中留下深刻印象，反倒是等行情回归正常之后，往往惊讶于投资者和市场为何当时在如此低的位置依然无动于衷。

其实并不是大家熟视无睹，而是当时围绕在每个人周围的噪音干扰了投资者的判断，貌似是为了追求短期的完美，最后反而让长期的投资格局变得更不完美。

鱼和熊掌难以兼得，放弃完美，放弃和市场的博弈，拥抱确定性，拥抱长期价值。

最珍惜

记得我上小学时，还是两名同学共用一张长的课桌。那个时候很多小朋友会在桌子中间画一条线，同桌双方都不能"越界"。虽然这样的行为在成年人看来有些幼稚，但是在孩子幼小的心灵当中，那是屈指可数的属于自己的一点点宝贵空间，非常珍惜，会竭尽所能去维护。

随着年龄慢慢增长，人们倍加珍惜的对象会发生变化，但总量并不多。有人会珍惜具体的物品，也有人特别珍惜抽象的时间、爱情以及机会等等，还有人珍惜的是一种能力，就像小时候看童话故事，很多主人公都掌握点石成金的魔法。

所谓珍惜，至少包括两个方面：一个是发自内心的重视，另一个是尽力去维护。可不可以从通俗的角度去这样理解，就是其他东西失去大概都可以泰然处之，但唯独自己所珍惜的，会是一种神圣的存在，值得全力以赴去维护？

对于投资者来说，也有自己最珍惜的投资侧重。比如，从结果上来看，最值得珍惜的就是持续的投资盈利能力，而这也应该是所有投资者的终极目标。那么从达成持续盈利能力的原因来看，相信投资者会有不同的侧重，有人采取自上而下的策略，有人则是反其道而行之，有人喜欢集中，有人则趋向分散。而我最珍惜的，是投资的流动性。

从表面上来看，流动性就像是空气、像是血液，当投资者被鲜花和掌声环绕时，流动性往往容易被忽略，但是当危机来临时，流动性是投资安全当中最短、最脆弱的那块板，没有之一。很多巨无霸轰然倒下，并不是资产不够雄厚，而是流动性枯竭。

流动性的重要性体现在两个方面，首先，流动性是投资安全的重要保障。资本市场里与爆仓有关的案例，基本都和流动性枯竭有关，特别是高杠杆投资。流动性的另一个重要性容易被忽视，就是流动性越充裕，投资者的思维越活跃。可以设想一下，当一个投资者的子弹全部打光之后，他的思维开始明显放慢，因为他的潜意识当中，已经没有再投资的需求。投资者的思维会受到流动性的限制，这也是同样值得高度警惕的一件事情。

"今天很残酷，明天更残酷，后天很美好，但是大多数人死在明天晚上，看不到后天的太阳"，马云说的这句话，对于流动性的重要性也是一个很好的诠释。在衍生品投资市场上，没有投资者讲长期的美好，因为活下去是最大的现实。靠什么活下去？保持流动性。

流动性是衍生品投资者的生命线。

有投资者可能会说，如果不用杠杆，可以长期持有，就不存在活下去的问题。这就涉及流动性的另外一重含义，流动性充裕离不开优质资产的支持。可以设想一下，如果投资者一直遇人不淑，选择的标的持续亏损，资产的流动性必然会受到很大限制，投资中难免畏首畏尾。所以从流动性角度考虑，那些可能会导致出现流动性困难的劣质资产，一定要坚决回避。

珍惜流动性，珍惜以流动性为基础的盈利机制。

降低预期

经常有人问我套牢的股票应该怎么处理，我既不了解对方，也没有深入了解相关的公司，所以没法给出有价值的建议。一般而言，当面给人的答复到此为止，其实还有一半话，往往因为顾及对方的感受，没有说出来——如果投资者长期以来亏多赚少，没有连续投资盈利的经历，真心建议他能离股市多远就离多远，能离开就尽早离开。

短期的离开或许会让投资者错失随后的反弹机会，但是长期来看，如果投资者对于股票投资的理解一直似是而非，毫无疑问，他一定是市场博弈中的奉献者，长期为他人做嫁衣。这类投资者的离开，除了心理上需要克服自我否认带来的负面影响之外，并没有什么其他损失。

尽管如此强调，相信还是会有大部分人选择留下，可能是因为热爱，因为沉没成本，也可能是为了找回曾经辉煌时期的记忆。对于选择留下来的普通投资者，需要谨记：先生存，后赚钱。

普通投资者的亏损大多来源于风险和欲望的错配。投资者的风险承受能力很差，但是收益预期很高，往往在没有认真评估的情况下，在错误的时间、以错误的仓位，选择错误的标的进行投资，最终带来的风险注定无法承受。而作为普通投资者的对手盘，许多专业机构投资者关于风险和欲望的认知恰恰相反，源于阅历和专业，他们对于风险有很强的承受能力，但是对于收益，却表现得足够理性。

为了寻求风险和欲望的匹配，投资者可以降低自己的收益目标，也可以考虑提升风险承受能力。但投资者都清楚，风险承受能力的提升绝非一日之功，甚至有人终其一生也未必在这方面有微小改变。痛定思痛，到头来除了降低自己的预期，大部分投资者其实别无选择。

生活中我们经常会看到在国债销售点门口有老人排起长队，有人会嘲笑他们思想保守，但每一次都会引发我的深思。他们经历了一生的沧桑，对自己的心理承受能力心知肚明，最后选择了降低自己的收益预期。但是在确保收益的情况下，他们又会寻求利益的最大化，在执行上将其发挥到极致。

知己知彼，百战不殆，对于选择留下来的普通投资者，建议先降低预期，再考虑收益。

安全冗余

对于入市已久的投资者来说，在每一轮行情轮回过程当中，相信一定经历过那种绝望时刻。这里说的绝望应该是一种主观判断，感觉没有任何信息或者迹象给投资者带来希望，甚至不利的态势将会愈演愈烈。这种绝望往往是宏观、中观和微观的共振，容易让普通投资者产生极为不理智的想法。

绝望时刻，投资者的选择无外乎两种：一种是坚持，还有一种就是放弃。陷入绝望的投资者，内心渴望的放弃是一种解脱，特别是在长期煎熬之后。短期来看，放弃可能是一种上策，但是长期来看大概率是一种下策。因为这次放弃了，下次怎么办？再次绝望时，是不是也要放弃？如果每一轮投资行为都是以放弃而告终，投资无疑将成为一条不归路。

相信投资者入市的初衷都不是放弃，但是如果一味坚持，最终很可能车毁人亡，连下一次入场的机会都没有。所以坚持需要一个理由。但寻找理由的时点并不是在遇到问题时，而是在投资者选择的当初，甚至在做出选择之前就已经深思熟虑。

防患于未然，下面关注一个安全冗余的概念。安全领域人命关天，经常需要极高的安全系数。为了提高安全系数，就需要增加安全冗余量，简单理解就是需要双保险、三保险甚至更多等等。比如民航客机的两台发动机、辅助驾驶汽车的两套5G信号以及电力系统中线路的双重保护等等。

对于投资者来说，在做公司研究和投资决策时，也会考虑安全冗余。投资者可能觉得一个20倍市盈率、20%复合增速的公司会有比较高的安全边际，但是只有等到投资者身处绝望状态当中时，才知道这个安全边际是充足还是形同虚设。

有朋友可能会说，自己也希望增加投资的安全冗余，但是这种高增长低估值的机会找不到啊。就像飞机没有足够的安全冗余就不会获得适航许可一样，关键在于投资者为自己的投资设立了怎样的门槛。没有合适的标的，可能是市场的问题，也可能是投资者自己的问题。可以边等待，边学习，逐渐补足自己的短板。本来，对于投资者来说，最主要的工作就是等待——等待机会，或者等待收获。

回望投资市场的历史，投资者一定会等到具备充足安全冗余的机会出现，但往往在等到机会出现时，手中可能早已全是筹码，没有资金。而且非常具有讽刺意味的是，具备充分安全冗余的投资机会出现的时刻，恰恰是很多投资者备受煎熬，准备放弃，斩仓出局的时刻。买入的时机、价格和仓位，本来只是一个量的变化，最后带来的却是质的差别。

究其本质，投资一个不成熟的机会是一种贪婪的表现，是害怕失去的表现。因为种种私心杂念的存在，让投资者忽略了保留充分安全冗余的必要。

其实安全冗余不仅是一种保险，它是一个系统，也是一种策略和思维方式。它能帮助投资者度过危机时刻，同时在很多时候还能够提供丰厚的收益。还是那句话，投资不是什么轰轰烈烈的事情，而是静水流深，投资者的认知往往是在不知不觉中完成对自己的超越。

仓位管理

对于资本市场当中的任何一位投资者，只需要三个词，就可以锁定他当前的状态——标的、多空和仓位。其中的仓位是最容易被忽视，但是对投资收益又影响巨大的"无形杀手"。

大部分投资者在潜意识当中会认为投入越多，收益越大，因此习惯于将仓位用到极致，甚至动用杠杆；但如果行情超越预期，出现逆转，仓位越高，对投资者的伤害越大。唯一不变的就是变化，投资者拿什么来应对市场风险的不期而遇？不同的仓位背后，到底隐藏着怎样的玄机？

通过一组简单的数据，可以形象地把不同仓位水平和年化收益率结合在一起对照观察。如果初始投入100万元，满仓操作，按照年化收益率15%计算，十年后的总市值为405万元；如果只投入50万元作为基础投资，通过另外50万元的机动交易，将复合收益率提升到22%的水平，那么十年后的总市值会达到415万元，超过满仓交易的市值水平。此外，如果将最初投入的基础资金降低到80万元，另外20万元作为机动资金，即使将年化收益率只小幅提升到17%，十年后的总市值也会超过400万元，和满仓交易基本相当。

期限	50万元22%的年化收益率	80万元17%的年化收益率	100万元15%的年化收益率
市值（万元）			
第一年	61	94	115
第二年	74	110	132
第三年	91	128	152
第四年	111	150	175
第五年	135	175	201
第六年	165	205	231
第七年	201	240	266
第八年	245	281	306
第九年	299	329	352
第十年	365	384	405
期初现金	50	20	0
合计	415	404	405

上面的对比传递出了什么信息？如果将日常的持仓资金减少两成，同时把年化收益率提升 2 个百分点，十年后的收益水平将会完全一致。既然收益相同，为什么要做这样的调整？评价一名投资者的表现，收益只是一个方面，更重要的是考虑风险和回撤指标。毫无疑问，投入 50 万元或者 80 万元作为基础投资，回撤风险会显著小于满仓操作的水平，在最终投资收益相同的情况下，低风险投资无疑更有生命力和吸引力。

所谓投资管理，管理的不仅仅是投资组合，更重要的是投资者的心态。特别是在市场剧烈波动的极端时点，好心态和好组合一个都不能少。管理好仓位，留有余地，毫无疑问会减少投资者的焦虑，有利于保持客观的心态和冷静地处理交易，而这些正是成功投资者的标准配置。

林则徐有一副著名的教子对联："子孙若如我，留钱做什么，贤而多财，则损其志；子孙不如我，留钱做什么，愚而多财，益增其过。"说的是要不要留财产给孩子。对于要不要满仓来说，也是同样的道理。如果投资者投资得法，即使不满仓，也能够积累不菲的财富；如果投资者不得其法，满仓反倒会加剧亏损。

锋利的现金

说起现金，可能大部分投资者提不起兴趣，但是在特定场景下，现金意味着短期会带来大幅收益，这样的速度和冲击力用锋利来形容一点都不过分。

现金是什么？每个人赋予现金的含义，取决于他将现金置于何种场景当中。就像盲人摸象，每个人所感知到的，往往自认为就是全部。

现金首先是一类资产。从收益率来讲，现金往往意味着近似于无效的一类资产。不仅短期来看收益率乏善可陈，更为严重的是，长期还会面临通胀所带来的巨大侵蚀。根据沃顿商学院西格尔教授所做的统计，2012年和1802年相比，1美元现金的购买力贬值了95%。所以对投资者来说，保值一定不是持有现金的主要目的。

现金经常被视为避险资产，在投资组合中扮演稳定器的角色。投资者所接触到的证券投资基金，风险程度主要根据现金或者债券资产所占的比例来进行界定。随着现金资产的增加，投资组合的波动将趋于平缓。在投资组合中增加现金及等价物的持有比例，并不仅仅是获取固定收益的需求，同时客观上也照顾到持有人的心理感受。作为避险资产，这里的现金和固定收益产品并不具备进攻性，即使在绝佳的投资机会出现时，现金依然扮演着防御性资产的角色，为投资者的心态平稳保驾护航。（从这个角度来说，投资者的心态平稳代价不菲。）

现金在什么场景中将会反守为攻呢？再平衡的时候。就是大卫·史文森极为看重的投资组合再平衡。在这样的场景当中，现金不再作为防御性资产存在，而是一种备用资产，当市场受到剧烈冲击时，现金在总资产中所占的比例会明显上升，为了实现再平衡，超额现金储备需要在极端低位变为权益性资产。毫无疑问，这部分资产的收益率将极为可观。就在中概股2021年经历的"蹦极"行情当中，有投资者选择用一直保留的现金买入了极度超跌的股票，这部分资产在随后两个交易日的收益超过40%。在再平衡的模式当中，现金是一种稳健的战略资产，但当极端情况出现时，将变得极为锋利。

小结一下：现金是一个中性工具，它的价值取决于对它的使用方式。对大部分投资者来说，现金在投资组合中的价值，已经远远高于自选股中的大多数公司股票，同时也越来越理解巴菲特为何在投资组合中长期保持 20% 以上的现金资产。

现金的逆袭

每当市场出现调整，现金为王的理念就会深入人心。

在这样的背景下，投资者只要选择持有现金，收益就会超越任何一只股票型基金。特别是在市场剧烈波动之际，现金的避险价值非常突出。

那么如何看待现金资产的短期绝对安全和长期缺乏成长性之间这对矛盾？

下面选择一个完整年度，比如 2018 年，来观察在 2018 年 1 月 1 日和 12 月 31 日，100 万元现金的价值有没有改变。

对于大多数人来说，包括银行储蓄或者债券投资者在内，100 万元现金的价值在年初和年末基本没有改变，相差的只是一个时间成本。

但是对于股票投资者来说，这 100 万元现金的价值差别明显。年初的时候，100 万元现金可以买入近 25 万份沪深 300 指数基金，但是在年底，同样 100 万元现金，却可以买入 33 万份指数基金。也就是说，如果以指数基金的份额作为衡量标准，这 100 万元现金在一年之间增长幅度超过30%！

上述案例说明了什么问题？

在历史长河当中，现金相对于股权投资的价值一年增长超过三成，无疑是股权投资长期增长过程当中的一次逆袭。

从沃顿商学院西格尔教授的长期收益率统计来看，股权资产是投资理财的最佳选择；但是从短期来看，股权投资的收益率会呈现巨大波动，而现金短期突出的安全价值是长期投资的一个很好的补充。

保留现金以备不时之需，相当于获得了一个选择权，可以在合适的时机进行再平衡，把现金短期的避险价值转化为长期投资的股权增值。

财务弹性

投资中亟待解决的问题不少，仓位管理是其中的一个核心问题。

投资者如果在一个长期偏低的估值位置加大仓位，当然无可非议；但是当进入一个相对均衡状态，或者说投资者开始盲目乐观时，就需要启动控制仓位的程序，把仓位控制下来，保留适当的现金。像巴菲特这样一名如此成功的投资者，如果说谁有资格可以盲目乐观，他应该算一个。但是他在仓位管理上一直处在非常清醒的状态，一直保持着20%以上的现金水平，截至2024年三季报，已经超过3 000亿美元。从长期的投资实践来看，这是投资收益最大化的一种保障。

剧烈的市场调整让投资者对于市场的不确定性有了更为充分的认知。投资者的预测仅仅是一种可能性，因为即使是一个胜算在90%

甚至更高概率的投资机会，依然会在外围环境剧烈波动时，变得不堪一击。当非理性出现时，很多公司的估值在任何估值体系下都显得明显低估，但是依然持续下跌，和实际经营形成了强烈的反差。

在这样的场景下，对于不认同这个估值的投资者来说，最有力量的表达就是真金白银地买入；但是如果没有资金，很抱歉，即使是极端非理性的市场，投资者也发不出任何声音。这样的情形，对于长期看好这家公司的投资者来说，会颇为无奈。

行文至此，还依然是市场上经常被提及的观点：投资要留有余地。但是转折就发生在下面，接下来是内容的转折，也是我个人认知的一个转折。

总说要留有余地，但留有余地意味着什么？为什么留有余地需要不折不扣地执行？

很多时候投资者不愿意降低仓位，是希望接下来的一年里它再有个百分之几十的增长，这样的收益率对于长期复利来讲当然非常可观。但是投资组合也因此失去了财务弹性。什么是财务弹性？是指企业适应经济环境变化和利用投资机会的能力。对于投资者来说，财务弹性既是一种保障也是一种盈利能力，是形成投资闭环必不可少的一个组成部分。

2021年，像新东方这种教培行业的上市公司受政策影响，市值接近归零，但是随后在香港上市的新东方在线却已经创出了历史新高，8个月最大涨幅超过25倍。这是投资者所看到的，投资者看不到的是，即使在最低谷的时候，账上也有20多亿元现金，是总负债的两倍，它的财务弹性是它东山再起的保障。

从上述意义来讲，满仓在机制设计上是存在缺陷的，因为其中包含了投机的预期，寄希望于市场将按照自己的预期单向上涨，这很显然是一厢情愿。

凡事预则立，不预则废。拥有财务弹性，投资者在市场中会待得更久一些。

如果一定要承受风险，我选择这样的方式

提到投资风险，投资者往往将其和亏损、爆仓甚至破产联系起来。但这只是风险的一类，接下来要探讨的是另外一种风险。

风险意味着不确定性，如果对利好估计不足，轻仓，甚至空仓，当然是投资失误，也是一种风险。两害相权取其轻，就像一辆高速行驶的汽车，司机突然发现刹车失灵，此时路的一侧是岩石，另外一侧是灌木丛，正确的选择显而易见，因为撞到灌木丛即使会受伤，也不致命。

对于投资来说，建仓之前，需要考虑风险防范的预案。一种情形是满仓，甚至加杠杆操作，如果判断失误，没有回旋的余地。另一种情形是轻仓入场，要么有盈利以后，要么进一步下跌之后再逐渐加仓，永远留有余地。对于第二种情形，虽然要面临轻仓踏空的风险，影响投资收益，但是不会发生致命的伤害。美国投资大师罗伊·纽伯格长盛不衰的秘诀，就是从业68年来从没有出现过亏损。

另外一位厉害的角色是华尔街"独行侠"戴维·艾布拉姆斯。所谓"独行侠"，是因为他仅仅带领着3个助理，就管理了将近100亿美元，在近20年时间内，取得了15%的年化收益率，是同期对冲基金平均收益率的两倍、标准普尔平均收益率的三倍。如果说他

的投资思路有什么不同，就是他管理的资产通常 40% 以现金持有，而且从来不用杠杆。这样不仅降低了波动的风险，而且能够随时抓住不期而至的机会。

对于股票投资来说，唯一不变的就是变化。无论看上去多么诱人的机会，都有可能成为投资者的最后一站。没有余地，相当于关闭了通向未来的大门。

如果一定要承受风险，我选择留有余地。

容错机制

在投资当中，错误往往意味着亏损，大家更愿意讨论盈利。

一般来说，投资者的决策当中，正确决策和错误决策并存。从长期来看，如果实现持续盈利，要么正确决策的数量多于错误决策，要么正确决策的质量（包括仓位和持有时间等）优于错误决策。而正确决策的质量，取决于两个层面的正确判断：

首先，从较低层次来看，正确的决策主要是指执行层面的判断。比如说选择投资标的时，应该关注赛道、财务指标以及优秀的管理团队，使用自有资金，坚持长期主义等等，这些正确的决策大家基本有普遍共识，选择与否对投资业绩会产生显著影响。

上面这些策略大部分投资者耳熟能详。虽然有的投资者长期投资业绩乏善可陈，但是他们并非从未了解过正确的投资策略，只是熟视无睹，不愿意相信，那么背后起决定作用的是什么因素呢？

这就引出了更高层次的正确决策，这就是投资者对于错误的态度！

具体而言，如果投资者能够诚实面对自己，承认自己的投资逻辑和判断必然存在错误，包括趋势、时机和标的选择等等，那么投资者目前的交易策略大概率会给自己的错误留下容错空间。当错误出现时，在投资策略层面事先已经储备了应对方式。

正是因为对错误怀有敬畏之心，投资者才会在研究和交易方面慎之又慎，尽可能提高自己正确的概率。

如果说一位投资者选择了满仓甚至加杠杆交易，表明他对于自己的判断极为自信，以至关闭了容错机制。市场上唯一不变的就是变化，所以交易上的过度自信大概率是盲目的，没有给未来的标的和市场的剧烈波动预留应对空间。究其原因，在于对错误没有敬畏之心。

投资者往往在出现巨额亏损之后复盘时才意识到，因为侥幸心理作怪，决策过程中对可能出现的错误采取了漠视的态度，总觉得风险是别人的，收益是自己的。

容错机制既是一种投资策略，也是一种思维方式。带着容错机制来看待自己的投资决策，承受同样的风险，可以获得更为丰厚的收益。

一个人的投资策略，反映的是他面对错误的态度。

提前结账

每位投资者从入市盈利那一刻起，或多或少都会有一种结账的心态，有一种获利离场的冲动。投资的过程也是投资者和结账心态持续博弈的过程。

市场的变化是一种客观存在，不以投资者的意志为转移，但是投资者可以根据自己的习惯和主观愿望，在投资时点的选择上进行主动切割，以更好地满足自己的思维习惯和投资策略。

举例来说，假定投资者在当年的投资中已经获得了不错的收益，而且对于这一轮的投资盈利曾经有较高的期待。在这样的背景下，如果考虑到市场在未来两个月可能存在一些比较大的变数，有可能出现已经获得的收益出现较大的回撤，导致投资者在心理和投资策略上都会比较被动。一方面是因为大幅回撤会形成较大的心理反差，另一方面，也是特别重要的一方面，是不达预期的收益会影响后续的投资节奏，导致因为战术的失误而影响了战略布局。

在这样的情况下引入提前结账的概念，就是将上一轮的投资收益提前结账，提前切换到下一个投资轮回当中。对于长期持有的标的，虽然继续持有，但是已经切换到新一个建仓期的心态，提前化解心态调整所带来的风险。

在这里有一点值得注意：那些越是希望超长期持有的标的，投资者往往越不容易有结账的心态，不急于去兑现利润。

说到建仓期，对应的是一种朝阳心态。因为有心理准备，就不会受股价剧烈波动的影响而焦虑和烦躁。标的还是那个标的，投资者换一个角度去看待问题，目的恰恰是为了长期持有。

从把握新一轮机会的角度，退一步，投资者眼中更有可能呈现出十倍甚至百倍的机会。

其实，提前结账背后是投资者如何更客观地看待自己，然后设计一个适合自己的实事求是的解决方案。没必要所有的人，特别是个人投资者，一定要在 12 月 31 日结账。对于个人投资者来讲，完全可以设置一个自己的结账期。结账之后，接下来就可以采取建仓期的策略。长期来看，这和长期投资并不矛盾，反而更加有利于长期持有。

长期来讲最正确的事，就是每个人都找到自己认同的理由，将优质的企业一直持有。

如果以超长期的时间跨度来看投资，持有是道，其余皆为术。

读后感

他山之石可以攻玉。书籍不仅是人类文明进步的坚实阶梯，对于投资理念的持续进化，亦是如此。下面是对我颇有启发的一些书的读后感。

让投资者警醒的一个实验（实事求是）

所罗门·阿希是一位美国心理学教授，他曾经针对从众现象做过一个著名的心理实验：

在实验中，除了一个真正的被测试者，其他所有参与成员都是内定的。实验开始后，那些内定的参与者故意做出错误判断，真正的被测试者需要在自己认同的结果和其他参与者的错误结果之间做出选择。实验的结果令人震惊，即使正确答案非常明显，但在三分之一的情况中，被测试者依然会采纳其他人的不正确答案，而75%的被测试者会至少采纳一次。

阿希实验的结论是：有些人情愿追随群体的意见，即使这种意见与他们从自身感觉得来的信息相互抵触。群体压力导致了明显的趋同行为，哪怕是以前人们从未彼此见过的偶然群体。

对于显而易见的错误，被测试者在群体的压力之下都难以做出正确的判断。那么在像股市这样本身就不确定的市场环境当中，投资者面对的从众压力可想而知。这样的事情每天都在投资者身边发生，绝不仅是一个实验。

在《投资最重要的事》当中，霍华德·马克斯特别强调了投资者需要抵御来自心理层面的消极影响，其中包括7个方面：贪婪、恐惧、轻信、从众、嫉妒、自负和妥协。看到这些，投资者可能会说，这都是正常人具有的"七情六欲"啊，如果这些都可以避免，就不是"正常人"了。没错，所以说投资是反人性的，这也是投资的严肃性所在。

> 得到更多的渴望、担心错过的恐惧、与他人比较的倾向、群体的影响以及对胜利的期待——这些因素几乎普遍存在。因此，它们对大多数投资者和市场都有着深远的影响。结果就是错误——频繁的、普遍的不断重复发生的错误。
>
> ——霍华德·马克斯

以微见著（持续学习，创始人）

最近读了两本书，一本是京瓷创始人稻盛和夫所写的《心》，还有一本是美团联合创始人王慧文推荐的《零售的哲学》，作者是7·11创始人铃木敏文。两位企业家都是商业帝国的成功缔造者，回顾他们一生的从业经历，让人很受启发。

先说一个直觉，就是在看这两本书的时候，经常会有恍惚的感觉，觉得是同一个人在讲述，他们的理念有很多相似之处。

他们都强调实事求是，遵从自己的内心去做事情，同时两人都强调利他，尽可能为别人考虑。另外，他们都在工作上不畏艰难，百折不挠。

除此以外，他们也各有侧重。稻盛和夫对于走正道极为看重，认为这是事业兴旺的根源；铃木敏文最重视的是感知周围的变化，未雨绸缪。

关于启发，主要在两个方面。

首先是对于周围的变化高度敏感。铃木敏文的这个观点贯穿了全书，他总是对于面向未来的变化负责，而不是墨守成规，所以铃木敏文总是提出一些看上去有悖常理，让业界匪夷所思的想法。但是因为遵循实事求是的原则，"前卫"的想法往往在日后成为行业的共识。

正所谓差之毫厘，谬以千里，身边出现的一个新的变化，假以时日，很可能影响巨大。2009年10月30日，中国联通版iPhone 3G正式在北京开售。相信绝大部分人都知道这条消息，但是很少有人意识到这开启了智能手机的新时代。新时代意味着什么？此后十五年，苹果股价的涨幅近百倍。

即使没有详尽的数据和深入的调研，洞悉身边战略级别的变化，也可能会获取极为丰厚的收益。过于关注术而忽视道，无异于舍本逐末。

每当假期结束，朋友们都会在一起交流各自所关注到的旅途中的变化：人的变化，物的变化，潮流的变化……巨大的变化往往隐藏在微小的细节当中。以微见著，很多绝好的投资机会，最初的发现就来自身边的草根反馈。

其次就是除了对个人的启发之外，投资者也可以把稻盛和夫和铃木敏文关于经营的思考，当作衡量一家上市公司的标尺。

我曾经和一位老朋友聊天，他是公募基金的顶流之一，在选择上市公司时，他有一条标准就是对于管理层的要求极为严苛，不能存在道德瑕疵。再好的公司，道德缺陷一票否决。从这个角度来看，稻盛和夫认为走正道是商业兴旺的根源并不极端。

对于长期的投资标的，固然有各种现代企业制度加以约束，但是在很多模糊的场景当中，管理层的道德底线才是投资者利益的坚实保障。

稻盛和夫和铃木敏文都是日本商界的常青树，他们的观点凝结了践行一生的成功原则，非常值得投资者重视和借鉴。

投资很容易急功近利，要切忌给予那些貌似和盈利密切相关的因素过多关注，像技术走势、资金以及政策等等，而忽视那些看上去非常遥远、貌似毫不相关的因素，像利他，无我，以客户为中心，关注周围的变化……

股市里的三种人，一种亏损，两种盈利

《您厉害，您赚得多》这本书，作者是雪球网的创始人方三文，书中的内容主要来自作者在雪球网上和投资者的聊天与思考，很有参考意义。

大部分投资者最关心的是眼前的行情，换个角度去审视自己的投资方法和策略的人不多。从这个意义上来说，早一点读到这本书，投资者会早一点认清自己。

作者认为股市当中的投资者主要分为三种：一种是看着别人做

投资；第二种是看着公司做投资；第三种是看着自己做投资。其中，看着别人做投资的人最多，最典型的的就是看着K线图进行操作，让别人和市场的喜怒哀乐来左右自己。

第二种和第三种投资者的盈利概率会明显增加。其中，投资者耳熟能详的巴菲特，是看着公司做投资的代表，眼中只有公司基本面的变化，以至在有记者提问他对于经济走势的看法时，他首先回答看不清楚，其次表示并不关心。从实际的投资经历来看，只要选择能够跨越牛熊的公司，投资的业绩就可以确定。

关于看着自己做投资，就是自省和执行力。能够自省的人非常难得，特别是在波动巨大的资本市场当中，能够不受市场情绪影响，对于大部分投资者来说，可遇不可求。经常有人说投资是一场修行，修行什么？了解自己。实事求是的投资者在市场中待得越久，越接近真实的自己。每个人的人性当中都有一些弱点无法改变，至少是很难改变，这就需要遵循实事求是的原则，承认它们的客观存在，在投资策略的设计上趋利避害。

方三文认为，评价一位投资者的能力，可以分为三个层次。第一个层次是常识，比如说物极必反等等，这和受教育水平，或者说学历，没有直接关系。第二个层次是知识，这是目前大部分投资者关注的内容。第三个层次是人性。他认为，挣大钱的投资者都是在这三个层次有过人的天分。

此外，在方三文的这本书中，他也提出了资产管理的基本框架，在他的基本流程中，行业或公司低估还是高估，是决定标的价值的最主要的判断标准。

第一步，选择好行业。

183

第二步，选择好公司。

第三步，把握好价格。

  均衡配置，（跨品类/跨市场）做底仓，避免买入时点单一产生的波动风险。

  在全面低估时，加大权益类仓位；

  当"黑天鹅"事件出现时，加大个股仓位；

  在基本面转变时，在市场反应滞后期买入，加大个股仓位。

第四步，持有。享受企业升值，红利再投资。

第五步，卖出。

  当对行业或公司判断出现错误时；

  当个股超出仓位上限时；

  当股市被全面高估时，降低权益类配置。

确实，如果从看好一家公司到确信买入一家公司，有100步要走，那么从买入一家公司到长期持有一家公司，有1 000步要走。股市里的长征，考验的不仅是常识和知识，更是人性。

和巴菲特共进午餐后的思考

  投资者阅读的意义可以分为三个层面：指导投资、了解市场以及了解自己。在《与巴菲特共进午餐时，我顿悟到的5个真理：探寻财富、智慧与价值投资的转变之旅》这本书中，作者分享了他和巴菲特共进午餐后的思考。

盖伊·斯皮尔是蓝宝石基金的创始人，他和另一位基金经理莫尼什因为竞拍成功，在2008年6月25日和巴菲特共进午餐。此次和巴菲特的交流，对盖伊的生活产生了巨大的影响。在此之前，他希望自己成为巴菲特，但是此后，他希望做回自己，选择离开纽约去苏黎世定居。

在这次慈善午餐之前，盖伊已经运营他的基金超过10年时间，他一直以价值投资者自居，也取得了不俗的业绩。但是和巴菲特共进午餐之后，他开始思考投资业绩背后的深层次因素。市场过去更多地关注巴菲特的财富以及获取财富的路径和策略，在盖伊看来，这些只是结果，是表象，而不是真正的原因。

从2008年之后，盖伊和巴菲特有多次交流，作为一名价值投资的践行者，通过长时间的观察和思考，他分享了巴菲特成功背后的5个最核心的因素。

➢ 坚持自己的原则

➢ 远离疯狂人群与噪音

➢ 永葆童真与好奇心

➢ 培养并维系有价值的人际关系

➢ 忠实于自己

读完此书，最直接的感受就是做投资的境界，一个极致是武装到牙齿，无所不用其极；但是另一个极致也可以是找回自我，忠实于自己。

在以往的印象中，感觉价值投资者总是在孤独前行，需要坚持；但是在这本书当中我注意到，即使巴菲特管理如此大规模的资产，他也反复强调不会以牺牲自己的快乐向投资妥协。巴菲特首先是让自己幸福起来，作为正向反馈的结果，业绩和财富会随之而来。

查理·芒格的四个忠告（持续学习）

最近重读《穷查理宝典》，书中收录了查理·芒格1994年在加州大学马歇尔商学院的演讲全文。在这次演讲当中，他系统阐述了自己的投资理念。让人非常感慨的是，如果有投资者按照30年前这次演讲的理念进行投资，相信到目前会获得非常可观的收益。

在这次演讲当中，查理·芒格提出了对投资者的四个忠告。

当然，这次演讲通篇都是精华，从中提炼出这四个忠告是一件非常困难的事，对于投资真正有兴趣的朋友，还是强烈建议通读全文。

第一，必须拥有多元思维模型。

芒格认为，这是投资者做出客观判断的一个基本前提。为了实现这一点，投资者需要具备多个行业的知识，像数学、会计学、工程学、生物学以及心理学等等。

芒格常说的一句话就是，手里拿着铁锤的人，看每个问题都像钉子。如果一个人只能使用一两个研究人性的心理学思维模型，意味着他一定会扭曲现实，直到它符合自己的思维模型为止。芒格认为，这绝对是一种灾难性的思维方式。就像脊椎按摩师认为所有的疾病都考虑用按摩去解决一样。

第二，使用双轨分析方法。

芒格讲自己已经养成了使用双轨分析的习惯。一个轨道是理性的，看哪些因素对于利益具有真正控制作用；另一个轨道关注感性因素，关注当大脑处于潜意识状态时会自动形成哪些潜意识因素，需要评估哪些因素造成了潜意识里的结论，然后去伪存真。

写到这里，好像在另一本书中也看到过这种双轨分析的影子，诺贝尔经济学奖获得者丹尼尔·卡尼曼在2011年所写的《思考，快与慢》中就提到，每个人心中都有两个自己：理性的自己和感性的自己。这本书出版时距离芒格的这次演讲已经过去了17年。

查理·芒格在演讲中举了一个伯克希尔曾经遭遇的例子。

每当提到技术创新，都容易受到市场追捧，好像目前的市场依旧如此。但是芒格认为，微观经济学的伟大意义在于让人能够辨别什么时候技术将会帮助你，什么时候将会摧毁你，大多数人并没有想通这个问题。

有些行业是技术创新的受益者，有些行业是技术创新的受害者，投资者需要谨慎规避，就像伯克希尔当年的纺织业一样。

如果根据潜意识思维，科技创新会降低企业成本。但是如果理性分析，需要考虑成本降低是否会带来企业利润增加。芒格衡量商业模式的一个角度，就是技术创新所带来的利润到底是留在了公司还是留给了消费者。

企业不断购买一些推销员所说的"三年内可以收回成本"的新玩意，这样做了20年之后，企业获得的年均收益率却只有不到4%，这就是纺织业。

第三，等待时机，全力出击。

一般来讲，一只牛股带给投资者多少利润取决于两点：一是买没买，二是买多少。这也是芒格特别关心的因素。

为了做到上面这两点，需要建立自己的能力圈。

芒格认为，必须弄清楚自己有什么本领，如果要玩那些别人玩得很好，而自己一窍不通的游戏，那么注定会一败涂地，那是必定无疑的事情。投资者必须弄清楚自己的优势在哪里，必须在自己的能力圈之内竞争。

芒格观察自己周围赚钱的人，基本上都具有像下面这位朋友一样的特征："我年轻的时候经常玩扑克，跟我一起玩的那个家伙什么事情都不做，就靠赌轻驾车赛马为生，而且赚了许多钱。我的牌友所做的就是把轻驾车赛马当做职业，他投注的次数不多，只在发现赔率极大时才会出手，通过这么做，在全额支付了马会的费用之后，他还是赚了许多钱。"

查理·芒格认为，成为投资赢家的方法是碰到好机会就下重注，其他时间按兵不动。

第四，选择优秀的企业。

投资者经常讨论的一个话题就是要不要择时，市场也据此分成两大阵营。毫无疑问，查理·芒格和巴菲特是不择时的代表。

很多投资者也希望做到不择时，但是无奈控制不住自己。芒格下面的回答解释了为什么他们能够长期持有。"长远来看，股票的收益率很难比发行该股票企业的年均利润高很多，如果每家企业40年来的资本收益率是6%，你在40年间持有它的股票，那么你得到的收益率不会跟6%有太大差别；相反，如果一家企业在过去二三十年间的资本收益率是18%，那么即使当时你花了很大的价钱去买它的股票，你最终得到的收益也将会非常可观。"

所以窍门就在于买进那些优质企业。

逃离恐惧（持续学习）

克里希那穆提所写的《一生的学习》是一本比较通俗的哲学著作，其中令人印象最深的一点是，一个人只有摆脱了内心的恐惧，才能够实现自由的思考，这也是贯穿全书的一个基础观点。

投资者的喜怒哀乐，恰恰证明了上述观点。也就是说，一位投资者只有摆脱了对于投资得失的内心恐惧，才能真正实现投资决策的自由。

关于投资亏损的出现，虽然外围的相关因素众多，但是体现在交易层面上无外乎两点：要么是高位买入，要么是低位卖出，这都源于内心的贪婪和恐惧。

其实贪婪就是恐惧的另一面。当投资者持有的个股出现非理性上涨时，大部分人不愿将这种疯狂状态终结，希望能够再多分一杯羹。表面上看是非常贪婪，但实际上还是害怕自己提前下车，失去了进一步盈利的机会。

大涨时害怕失去机会、大跌时害怕失去财富，背后都是恐惧心理在作怪。恐惧的存在让投资者放弃了理性，无法做出客观自由的思考和选择。

如何逃离恐惧呢？

对于投资者来说，持续学习是逃离恐惧的主要方式，就是让恐惧始终追不上认知提升的脚步。此外，一个人内心的安全感对于逃离恐惧也至关重要。

心理学家基本认同这样一个观点，就是一个人儿童时期所处的环境对于安全感的形成至关重要。从这个意义上来说，一个人在股市投资的潜质,很大一部分在儿时已经养成。

我周围有几位非常成功的投资者,我曾经见过他们的父母,交流当中自然离不开童年时候的一些往事和趣事。我发现这些朋友的家长有一些共性:一方面乐观、开明;另一方面在孩子们小时候为其营造了比较宽松的环境,成就了孩子们乐观自信的性格。

我的童年也是如此。家庭和睦,父母都很乐观,从小挨打的次数不超过三次,还都是因为自己淘气。印象中父母对于自己教育中出现的问题都是就事论事,心平气和,从来没有夹杂他们的个人情绪;特别是我的母亲,从来没有和我发过脾气。事后想来,这些对于形成一个人的安全感至关重要。而安全感对于股票投资来讲,如前所述,可以极大地帮助投资者摆脱恐惧,自由思考。

这里再说一句题外话,我小时候读书的地方整体学习质量并不高,即便是父母棍棒交加,学习效果也未必理想。反倒是当时宽松的环境培养了我的自驱力,事后来看,这一点对于在逆境中成长至关重要。

韩愈说:"师者,所以传道授业解惑也。"传道排在第一位。用热情和乐观去感染一个人,使其对于学习产生强烈的兴趣和自驱力,这是教育的道。道不在,只授业,事倍功半。

接下来再回到投资。

既然安全感如此重要,那么缺乏安全感的投资者是不是就和投资无缘了?克里希那穆提认为,无知是指人们对于自己缺乏了解。投资者的机会,从了解自己开始。

在了解自己的前提下,对于缺乏安全感的投资者,其实可以采取一种循序渐进的方式。不管是投资额,还是在一只股票上面分配的持仓比例，相信都可以设定出一个边界。在边界之内，不管价格如何波动，自己都不会感到焦虑，那么这就是投资上安全感的边界。当然，还有一点很重要：不使用杠杆，量力而行。

投资者还往往会忽略一个重要因素。一个家庭的财富传承，无疑不能仅靠一代人的努力。当家长以教育的名义不断否定孩子时，可能正在摧毁他的安全感。如果内心的恐惧挥之不去，不管是对于生活还是对于投资，开启的都是一场悲剧。

克里希那穆提相信，心怀恐惧的人会传播恐惧，从这个意义上来讲，持续学习，逃离恐惧，对于投资和生活来讲，都极为重要。

恐惧止于智者。

穿透（聚焦）

刚刚读完了耶鲁大学前首席投资官大卫·斯文森所写的《非凡的成功》，作为一名成功的机构投资者，这是他写给个人投资者的一本书，也可以看做是对个人投资者的忠告。

通读此书，感觉在斯文森看来，个人投资者的选择并不多，究其原因，不管是识别市场诱惑的能力，还是态度，都是个人投资者成功路上的主要障碍。

斯文森认为，根据过往的投资业绩，绝大部分机构投资者并不值得个人投资者信任。如果从逻辑上寻找原因，受到费用设置等因素的影响，机构投资者往往把自身利益放在投资者利益之前，实际上两者是一个对立关系，市场中经常出现投资者亏损，但是机构却赚得盆满钵满的现象。

毋庸置疑，以基金为代表的机构有研究优势，有组织优势，有管理流程的优势等等。但是其劣势也客观存在，像人员的流动性不可控，船大难掉头，反应不够及时，此外还有像激励机制不到位导致积极性不足等等现象。

机构的劣势恰恰是个人投资者的优势，而缺乏规范的机制来制衡投资者的人性弱点，则是个人投资者的最大劣势，在这一点上机构优势明显，特别是在调整市道当中。反而在研究优势上面，资深的个人投资者未必存在劣势。

很多投资者都见证过这样的反差，就是券商的分析师对一家上市公司的熟悉程度，远不如长期跟踪这家公司的资深的个人投资者。背后的逻辑不难理解，一方面，对于券商的分析师而言，这是一份工作，很多时候点到即止。但是对于个人投资者来说，往往意味着身家性命，二者在发掘公司价值的动力上不在一个层面。另一方面，一名分析师要覆盖多家上市公司，同时还有频繁的沟通交流，所以真正剩下来用于潜心研究的时间相对有限。而反观很多资深的个人投资者，时间充裕，可以围绕有限的投资标的进行充分的调研交流，对公司的穿透力和信息量至少不亚于行业分析师。

一般来讲，券商的分析师在市场上被称为卖方，而机构投资者像基金经理则被称为买方，买方对于一家公司的熟悉程度往往又逊于卖方的研究，所以真正有学习能力的个人投资者在单一公司的研究上即使不能超越，也未必会输给大部分基金经理。

这让我想到了一根针，虽然没有奢华的外表，大多时候并不起眼，但是在单点上穿透力极强。对于个人投资者来说，如果选择了坚持独立投资，那就做一根针，不必面面俱到，但是极为尖锐，直达目标。

变　轨

《长日将尽》的作者是诺贝尔文学奖获得者石黑一雄。我关注这本书，和贝索斯有关。他在创立亚马逊之前曾经历过一段纠结时期，当时他恰巧读到了这本书，让他最终下决心离职创业。

实事求是地讲，这本书整体读起来有些压抑，但是对人性刻画入微，贯穿其中的三个关键词是"时间、记忆与自我欺骗"（瑞典文学院的评价）。

小说围绕英国典型传统男管家史蒂文斯的六天驾车旅行展开，以传统的英式贵族府邸达林顿府为空间背景，以第二次世界大战后的英国为现实背景，以两次世界大战之间的英国为叙事背景，展现了主人公对职业历程的回顾和人生价值的思考。

不确定是什么样的感受触发或者坚定了贝索斯离职创业的决心，但是从石黑一雄作品的特点来看，每个人或多或少都会从一直在自我欺骗的主人公身上看到自己的影子，或许正是这一点引发了贝索斯的思考。

透过主人公的视角，书中至少展现了三条线索：二战期间的大国博弈，主人公的自我认知，以及主人公周边人物的命运变化。

不管情节如何跌宕起伏，当钟声敲响，再多的可能性和曾经极富有吸引力的预期都只能以一种形式凝固。

虽然看上去纷繁复杂，也足以让主人公找到理由沉浸其中，但实际上所有线索都必须以时间作为承载。随着时间的推移，不同的线索都会走到终点。

但是在时间的终点到来之前，主人公往往更愿意生活在自己虚构的一种氛围当中，为自己逃避现实寻找理由。从这个意义上来讲，一个人自我审视的重点可以简单归结为自己的内心在哪一个时点回到真实的状态，回到理性和实事求是。

在阅读过程当中，经常让人联想到主人公的自我欺骗和投资者何其相似。

对于投资者来说，面前大概率至少有两条投资路径：一条是自己熟悉的，但是并不完美，自己也意识到存在缺点或硬伤；另一条路径虽然要好于目前自己的，但是自己没有勇气或能力去改变。投资者总会有办法说服自己待在舒适区。

改变当然不易。像行星或者恒星一样，每个人都有自己的运行轨道，在缺乏干预的情况下，会一直按既定的轨道运行。

所谓既定的轨道，指的是行为方式类似的一群人所形成的共识。合理预期相同，付出的努力相同，得到的收益也基本相同。

变化，来自改变和提升轨道的能力。

贝索斯在创立亚马逊之前，28岁就已经是华尔街一家知名投行的合伙人，既定的轨道待遇丰厚，前途光明。但是读过贝索斯传记的朋友都有印象，贝索斯和亚马逊追求的一个核心理念就是超越预期，如果一件事情从策划到执行所追求的目标不是"惊喜"，那么就失去了存在的意义。这也注定了贝索斯会持续变换轨道。

持续追求超越预期以及卓越的执行力，是贝索斯和亚马逊能够一直变换和提升轨道的澎湃动力。

亚马逊的市值已经突破2万亿美元，未来还能有多大的成长空间，也取决于它不断变轨的能力。

很多有成功经验的投资者会认同这样一个观点：从长期表现来看，他们能跑赢市场的能力基本是确定的，他们对这一点毫不怀疑；但是具体到单一年份，投资收益却表现出很大的偶然性。这有点像九段和五段的棋手过招，虽然九段棋手的整体水平技高一筹，但是并不意味着常胜不败。

投资者日常的学习和修行会提升自己变换轨道的能力，对应的就是不断提升超越市场的确定性。与此同时，没有必要拘泥于一城一地的得失，微观层面的表现有太多偶然性因素。

所以在投资复盘时，应该关注自己的表现是在确定性上出了问题，还是在超越市场的幅度上出了问题。如果确定性没有问题，就不必过于纠结，甚至颠覆自己的系统。

只有将注意力聚焦于确定性轨道的提升，才会留出足够的时间和空间让优秀的公司枝繁叶茂。

结语：投资信仰

王国维曾经讲过做事业做学问的三种境界："昨夜西风凋碧树，独上高楼，望尽天涯路，此第一境也；衣带渐宽终不悔，为伊消得人憔悴，此第二境也；众里寻他千百度，蓦然回首，那人却在灯火阑珊处，此第三境也。"我想投资大概也会遵循这样一个过程。

在本书的前言当中，预览了一个完整投资流程的主要环节：筹措资金，寻找标的，买入持有，投后管理和落袋为安；接下来进入本书的主要内容，相当于躬身入局，详细讨论了价值投资的十个真相。到了本书的最后，当投资者经历过长期投资，蓦然回首，再去看投资的时候，是一种什么样的感觉呢？这是接下来关注的视角。

投资收益，特别是长期投资收益究竟由什么决定，是一个众说不一、有些模糊的事情。之所以说不清楚，是因为时不时会有些现象一次次颠覆投资者的认知，比如说像著名的金融学教授、新财富分析师，甚至包括华尔街归来的基金经理，长期投资业绩却乏善可陈，甚至亏损累累，既然他们都无法取得确定性收益，普通投资者怎么办？难道只能靠好运气？

那么投资收益，特别是长期投资收益，主要取决于什么因素呢？

如果事后做一下归因分析，把长期收益的决定因素做一个饼状图，根据我长期的观察和思考，按照权重因素排序，决定长期投资收益的因素主要包括：投资信仰40%，心态30%，基本面20%，随机因素10%，可以简称为"4321法则"。

具体而言，投资信仰是什么？就是投资者从骨子里相信自己的长期投资收益究竟是来源于企业成长还是二级市场的博弈。通俗地讲，是赚公司的钱，还是赚别人的钱。一个人的投资信仰是他的投资底色，在一个人的长期投资收益中扮演着最重要的角色。

说到投资信仰，就不能不说到诚实的问题。很多人表面上讲的是和企业的价值共成长，但实际上投资收益却主要来自投机性短期炒作，对于打探内幕消息和追逐题材概念乐此不疲，这样的不诚实背后是理性投资信仰的缺失，或者说信仰就是投机本身。长期而言，这是投资者面临的一个主要的风险隐患。

接下来的一个重要因素是心态。曾经不止一次，有朋友在历史上行情的剧烈波动面前出现心态崩塌，基本表现是在出现大幅亏损后丧失理性，不考虑未来的基本面变化或转机，而是执意退出市场。很显然这样的反应已经超出了基本面思考的范畴，所以我把心态列为仅次于投资信仰的一个重要影响因素。

那么什么样的心态是一位合格投资者应该保持的状态呢？能够做到克制人性的恐惧和贪婪算是及格水平，如果能够在潜意识当中利用人性的恐惧和贪婪逆向思考和投资，应该算得上优秀投资者的心态了。如果说投资天赋，它应该主要体现在心态方面。因为人的投资信仰并不会与生俱来，但是心态可以。其实股市和人们平常的生活非常相似，一个人是超脱淡然还是斤斤计较，在生活中和在股市当中，其实并没有什么实质性区别。股市当中一定能看到生活当中的影子。

当然，对于普通投资者来说，如果能够通过学习或者实践改善自己的心态，已经是一个很大的进步了。同时，也可以根据自己的心态来相应调整投资策略，比如知道自己心理承受能力差，那么就降低仓位，选择稳健型的品种，从投资策略的调整上来减少对自己心理的冲击。也就是说持有什么样的仓位会心安，持有什么样的标的会心安，就这样去操作，根据投资者每个人的心态顺其自然，量身定做。

另外还有两个因素——基本面和随机因素分别占 20% 和 10%，这两点比较容易理解，在这里不再赘述。"4321 法则"只是一个基本的比例关系，具体到一笔投资当中，根据场景不同，每个因素所占的比重并不绝对，同时任何一个因素都可能导致投资"突然死亡"。比如说市场出现"黑天鹅"事件时，像前期"双减"对教培股的影响，随机事件就成为决定性因素；当上市公司出现造假时，基本面会触及一票否决；当市场出现极端波动时，有的人心态崩塌，清盘离场等等。

　　但是以上极端情况的存在，并不妨碍投资者在进入时要分清主次。很多人想学炒股，一开始就学基本面研究。并不是说不需要基本面研究，而是首先要清楚，基本面研究的是一个概率问题，不确定性是无法消除的。当不确定性出现时，投资信仰和心态会起到决定性作用。

　　磨刀不误砍柴工，树立投资信仰和端正心态这些貌似"虚无缥缈"的因素，其实才是长期投资收益的真正源泉。

后记

宠辱不惊

提起巴菲特和芒格，相信很多朋友印象最深刻的，除了他们的精彩言论，还有两位老人在全球投资者参与的股东大会上思路清晰，侃侃而谈。其实在投资领域这并非个案，像欧文·卡恩 109 岁、罗伊·纽伯格 107 岁、富达基金创始人菲利普·凯瑞特 102 岁、约翰·邓普顿和沃尔特·施洛斯都是 96 岁，很显然，在竞争压力巨大的投资领域，这样的现象应该绝非偶然。

那么背后有什么必然逻辑呢？

虽然无法从医学的角度去发掘投资大师们长寿的秘诀，但是横看成岭侧成峰，探究他们的成功投资之路，或许可以从侧面揭开谜底。

首先来回答一个问题：一位投资者如果要赚取成百上千倍收益，他至少要具备一种什么样的能力？有人说要选对标的，其实曾经选对标的的投资者不在少数，但是善始善终者却凤毛麟角。选股确实非常重要，但这还不是顶级投资者所必须具有的稀缺能力。

这种能力是什么呢？是一种宠辱不惊的心态，这样才能为巨大的上涨留出空间。

经历过的投资者都很清楚，要拿住持续上涨的公司，特别是在上涨初期，要比被套牢更让人焦虑。如果不卖，股价就有可能会跌回去（毕竟影响公司涨跌的因素太多了，并不仅仅是公司的基本面）；但是如果卖了，股价继续上涨怎么办？

所以上涨之后，投资者更容易患得患失，投资者在上涨路上的每一步都会经历这样一次纠结。从事后来看，投资者如果没有前期的淡定从容，大部分机会都会被扼杀在萌芽状态。

虽然说视金钱如粪土有些夸张，但是对财富举重若轻、战略上藐视的气质对于投资的成功至关重要。包括乐观精神，还有不拘小节，凡此种种，这样的投资态度大概率也是他们的人生态度，这不正是优秀的长寿基因吗？

上述讨论在很多投资者看来比较务虚，其实恰恰相反，这才是投资者必须具备的"硬件"，相对于具体的标的和K线，投资者的心态管理显然是一个战略问题。

投资的难并不是难在市场，而是难在自己，主要是投资者人为地给投资施加了过多的干预，放大了贪婪和恐惧，这也是造成亏损的主要原因。建议投资者经常问一下自己：目前的市场包含了多少情绪性因素，目前自己的判断中有多少情绪性因素？随着时间的推移，情绪性因素都会逐渐消退。

真实，是巨大涨幅的起点。

致谢

在本书付印之际，首先想到的一个词就是感谢。首先要感谢央视财经频道的领导和同事们的支持，让我有幸在第一线感受中国资本市场的脉动，在长达20多年的时间里，有机会和业内诸多精英人士交流、学习。

在本书当中，引用了很多和朋友交流的观点，这些真知灼见是一笔宝贵的财富，让我谨记多年，在此也一并表示感谢。

本书的顺利出版，得到了中国人民大学出版社曹沁颖女士的大力支持，她基于编辑思路提出的修改意见高屋建瓴，让我受益匪浅，也让本书所呈现出来的内容质量超出了我的预期。

本书当中引用了大量的案例和数据，感谢高是非和王宏霞在资料整理和校对当中所做的辛勤工作。

最后，感谢我家人的陪伴和支持。

托尔斯泰曾经说过，多么伟大的作家，也不过是在书写自己的片面而已。这本书只代表我对于资本市场的理解，因为能力所限，不足之处在所难免。在此基础上，希望能和读者一起继续深度思考，在浩瀚的投资世界中，让我们的认知不断进化。

图书在版编目（CIP）数据

价值投资慢思考 / 孙善军著. -- 北京：中国人民大学出版社，2025.1. -- ISBN 978-7-300-33373-1

Ⅰ.F830.59

中国国家版本馆CIP数据核字第202401K8W1号

价值投资慢思考

孙善军　著

Jiazhi Touzi Man Sikao

出版发行	中国人民大学出版社		
社　　址	北京中关村大街31号	邮政编码	100080
电　　话	010-62511242（总编室）		010-62511770（质管部）
	010-82501766（邮购部）		010-62514148（门市部）
	010-62515195（发行公司）		010-62515275（盗版举报）
网　　址	http://www.crup.com.cn		
经　　销	新华书店		
印　　刷	北京联兴盛业印刷股份有限公司		
开　　本	720 mm×1000 mm　1/16	版　次	2025年1月第1版
印　　张	13.25 插页2	印　次	2025年1月第1次印刷
字　　数	144 000	定　价	89.00元

版权所有　侵权必究　　印装差错　负责调换